JN084848

COMPOSABLE MANAGEMENT

コンポーザブル経営

加速度的な成長を実現させるDX戦略

プレジデント社

はじめに　～今、つながり続ける世界において～

ピーター・F・ドラッカーは、今から約20年前に著した『Managing in the Next Society』で、次のように述べています。

「ミッション・ビジョン・バリュー以外は、すべてアウトソーシングすることができる」

ドラッカーは同時に、ネクストソサイエティにおける企業の最大の課題として、社会的に認められる存在意義、すなわち「ミッション・ビジョン・バリュー」の確立が最も重要であるとも述べています。その上で、組織としての個を確立させるためには、柱となる価値観、すなわちバリューが必要となるということ、トップマネジメントの最大の仕事は「組織としての個を確立させることである」としています。

このドラッカーのメッセージどおり、今や企業は、自社が目指す方向と存在意義、価値観以外は、ビジネスモデルも機能も、組織も再構成し続けることができるようになりつつあります。そして、逆にこれを実行できない企業は取り残されると言えるのではないでしょうか。この「ビジネスモデルや組織の再構成・組み換えをし続けながら、自社の存在意義や価値観を継承できること」を本書では「コンポーザブル（composable）」と表現します。

コンポーザブルを実践するためには、デジタルの有効活用がポイントとなります。つまり、デジタルを梃子(てこ)にして、企業の抱える問題や課題の解決と変革を図ることができます。本書ではこのことを「DX（デジタルトランスフォーメーション）」という言葉でまとめるのではなく、より具体的に変革について話を進めていきます。

DXはあくまでも手段であって、目指すところではありません。自らが目指すところに向けて、主体的に変革を実践してこそ、付加価値を創出していくことができます。本書では、企業にとって取り組まなければならないこと、現在と将来、これからの可能性について語り、その解決策を一つひとつ述べていきます。

組み合わせが多様な価値を生み出す

インターネットという「ネットワーク」でつながった時代における個のあり方については、音楽を例に説明するとわかりやすいと思います。

もし音楽が、決まった音を決まった順番で単に発していくだけのものであるならば、多くの人々がそれを繰り返し聴きたい、あるいは落ち着いて聴きたいと思われるものにはならなかったでしょう。

音の響きについては、長年にわたって経験と研究の末に積み重ねられてきた体系があります。プロのアーティストは、これらを学ぶことで、優れた音の体系を理解し、自身の個性を表現することを実践しているのだと思います。

では、その体系を理解して身につけることができれば、誰もがライブで観客が盛り上がるようなパフォーマンスを演じられるかというと、それは違うとみなさんは思うはずです。

かっちりした理論に基づいた堅苦しい演奏を行っても、観客は面白くないはずです。ミュージシャンが柔軟に音の表現の組み合わせを行うことで、人々は音楽を楽しむことができます。曲ごと音を編集して組み合わせるレベルから、同じ曲を演奏する際の音の微妙なバランスで変化させるといったことまで、それは音楽のジャンルによって異なるでしょう。音楽で表現したいメッセージがあり、それを共有するバンド（チーム）があり、チームのメンバーそれぞれが持つ、そしてチーム全体への共感があってこそ、人々に感動が伝わり、その共感が広がる場が生まれるのです。これは、クラシック、ジャズ、演歌、ロック、レゲエ、ヒップホップなど、いずれのジャンルの音楽でも同じではないでしょうか。

音楽のような表現の世界では、個々の能力と表現の相互作用により、成果が試されてきました。強く共感するファンがいることで、すぐに伝播し、グローバルレベルの共感を生むことになると誰もが知っています。より自由で、多様性に富み、個々が共感した方向へ協働することで、驚き・発見・感動が生まれます。

このことに、現代のつながる世界において「どう価値を創造していくのか」のヒントがあります。また、多様性を持った様々なメンバーが共感を伴ってチームを形成し、アジャイルに新しい物事を生み出していく（変革していく）点において、本書でこれから述べる取り組みとも重なります。

“つながり”がイノベーションを加速させた

音楽の例と同様に、人々は自分たちが持つ専門性を組み合わせることで新たな価値を創造してきました。1980年代くらいまでは、商品をどのように売るかは、各機能の卓越さ、機能とサービスの組み合わせに加え、その市場規模と目指すべき分野をどのように選ぶかが重要でした。国や文化圏における差が歴然として存在し、地域差や経済における発展段階の差を利用することも重要でした。その時代において、企業は個々の機能における専門性を高めた上で、ツリー上の企業構造や、顧客軸、機能軸、地域軸などで示されるマトリックスの組織を意識し、経済価値を高めてきました。

ところが、冷戦が終結したことで世界の大半が資本主義体制となり、さらに情報がインターネットでつながると、国ごとの多様性に加えて、様々な能力の組み合わせで生み出される体験に対して、人々はお金を払うようになりました。さらに、それらの楽しみの拡大が見込めることで、投資が集まります。その投資を活用して、新たな能力を組み合わせることで、新たな価値を生み出すイノベーションが期待されるという循環が生まれたのです。

この30年の間に、インターネットで世界のすべてがつながっていくことに人々が気づき、つながる力を手に入れたことで、この動きは加速し続けています。ヒト・モノ・コト・キャッシュがつながったことで、投資の金額はその期待の大きさに比例して掛け算で大きくなり、強く共感を集める価値の機会は、グローバルに拡大するようになりました。

この流れに呼応するかのように、企業の存在意義が問われるとともに、企業にも変わり続けることが求められはじめました。個人はより自由な機会を求め、それに伴って企業にも個人にも多様性が求められる中で、楽しみや発見、成長の機会を提供し続ける新たな世界が出現してきたのだと思います。

変化を感じ取りながら未来を予測することは可能

今から15年以上前、当時大阪大学の教授であり、半導体製造装置のリーディングカンパニーであるアプライドマテリアルズの本社副社長で、日本法人トップも務められた赤坂洋一氏のお話をうかがったことがあります。日本企業で最も欠けていることとして、赤坂氏は以下の3つを挙げました。

まずトップのコミットのあり方が不十分であること。次に政治・経済・社会・技術の動向について経営陣が理解を深めた上で、企業の存在意義に基いて未来と足元の戦略をローリングする重要性があること。最後に事業環境の変化を理解して顧客の話に耳を傾けた上で、顧客が想定している以上の提案をすることでした。

私は当時、イギリス企業やアメリカ企業の日本法人でコンサルティングに携わっていましたが、半導体という変化のスピードの非常に速い業界の厳しさを教えていただきました。

当時うかがったお話は、本書でも述べるシナリオプランニングにデータに基づく予測を組み合わせること、存在意義に基づく「インパクト・オン・パーパス」というバックキャスティングを組み合わせることに対するヒントとなっています。また、アジャイルに物事を進めることがポイントであるという点も強調され、テクノロジー開発だけではなく、ビジネスモデルの成長もより重要であることに気づかされるきっかけとなりました。

半導体業界は、設計企業も製造装置の企業も常に変化の只中にあります。現在の半導体不足の状況に関しては様々な理由がありますが、今はつながりと相互依存がもたらす複雑性によって、半導体業界においても以前より不確実性が増し、変化のスピードが加速しているのは確かです。

だからといって、将来に対して予測が効かない状況であると筆者は考えていません。また将来が曖昧であるということでもないと思っています。いつ、何がどのタイミングで起こるかが予知できないだけで、その余波がどの程度あるのか、さらに「常に想定外のことが起こり得る」という前提に立つことで、時代の変化を感じ取りながら、未来に対する舵取りを進めることはできるはずです。

そこで、つながり続けるこれからの世界で重要となるのが、本書で述べる“コンポーザブル”という考え方です。本書では、その考え方が求められる背景を説いた上で、源泉となる顧客価値について説明します。その上で、この考え方に基づいたビジネスの進め方がなぜ今必要なのか、そして成長し続けるビジネスモデルの源泉として、パーパス・ミッション・ビジョン・バリューの目指すところを最大限発揮する構造としての「コンポーザブルスタック」について述べていきます。その中では、これからのイノベーションの源泉となるアジャイルなデジタル変革の進め方についてまで話を進めていきます。

本書の構成

本書の具体的な構成は次のとおりです。

第1章では、つながり続ける世の中の変化について、相互依存する状況にあること、そしてつながるスピードの面から話を始めます。今回の新型コロナウイルスによる危機に対して、すでに起こりつつある変化があり、その動きは加速しているからです。

そのためには、無形資産を含めた経営資源をどのように選択するかが戦略の本質となります。つまり、付加価値の創造こそが成長の源泉となるのです。インターネットのネットワーク上に、私たちの記録はいつまでも残り続けます。これからは地球の持続可能性に関する関心が高まっていくでしょう。この流れもつながる世界に対する影響から来ています。そして、その社会価値の持続的成長にこそ、イノベーションの機会があります。これからESGに投資が集まることで、ますます世界中で多様性の価値が増していくでしょう。さらに人々が自由と選択、働きがい・働きやすさを重視していくことも、新しいビジネスの創出の機会につながってきます。

続く第2章では、顧客体験の驚き、発見、トレードオフの解決の継続、そして顧客の期待を超え続けていくことが、これからの価値の源泉になっていくことについて述べます。顧客体験の広がりに沿って、価値の可能性も広がります。その価値におけるバリューチェーンの統合度を高めていくことが成長の機会となります。つながる世界での成長要因であるネットワーク効果と補完の両方を活用していくことが、ここでのポイントです。アマゾンのような巨大プラットフォーマーだけではなく、すべての企業にこれらの機会をものにして成長していくチャンスがあります。そのために必要な考え方が「コンポーザブル」なのです。

第3章では、コンポーザブルスタックについて述べます。これは、前述のドラッカーの「ミッション・ビジョン・バリュー以外は、すべてアウトソーシングすることができる」ことを具体化するために必要となる構造です。ビジネスモデルスタック、ビジネスモデルを支える基盤であるテクノロジースタックのアプリケーション、共通サービス、インフラそれぞれについて述べていきます。すべての企業が、顧客体験を通じてバリューチェーンのプラットフォームを提供していくことが可能な世の中であり、それにより新たな業界のつながりをつくって成長していくことが可能となります。

そして第4章でお伝えするのは、成長のためのアプローチスタックです。未来からのバックキャスト、アジャイルな進め方、組織・人財をモニターし、センスメイキングをする重要性について述べます。

具体的には、インパクト・オン・パーパスからのバックキャストの必要性について、テスラ、アップルなど実際に未来における企業像を具現化しつつある事例と絡めて説明します。

最後となる終章では、NECのデジタルビジネスを担当する執行役員常務の吉崎敏文が、改めて現在起こっている世の中の変化や潮流について説明します。そして、その潮流に乗って成長するために企業はどうあるべきかについて、これまで数多くのDXの現場を見てきた中で吉崎が感じた課題、打開策を紹介します。

また、各章の間に本文とは別枠で、8本のコラムを挟んでいます。NECでテクノロジーの最先端を走るメンバーからは「5G、AI、生体認証、ブロックチェーン、量子コンピューター」が創る価値について、筆者とともにコンサルティングに取り組む面々からはその実践について語ってもらっています。

企業、そして私たち一人ひとりに解決すべき問題が存在します。デジタルを梃子（てこ）にしてこの機会をつかんでいく能力形成が、「コンポーザブルな」時代への準備となります。そのためには、まずはやってみて成功点と失敗点を振り返り、また半歩下がって一歩進むことを繰り返していくことが重要です。

みなさまが実際に新しいビジネスへの一歩を踏み出すきっかけ、ならびにビジネスの拡大に本書が寄与することができれば幸いです。

2021年11月吉日　桃谷英樹

目　次

[Contents]

第３章　コンポーザブルなビジネスモデルで スケールしていく

第4章　コンポーザブル経営の推進 ――アジャイルアプローチの実践

第１章

危機の後は起こるべき
変化が加速する

1−1 現代の変化指標は「つながり」「相互依存」「スピード」

時代が繰り返すこと、進化していくこと

新型コロナウイルス感染症（COVID-19）の影響により、私たちは大きな変化を経験しました。普段の暮らしだけではありません。ビジネスにおいてもこれまで体験してこなかった環境の変化に直面し、業績が大きく後退している企業も少なくないでしょう。

しかし、その一方で、このような変化をチャンスと捉え、自社の体質やビジネスモデルの変革を加速して、逆に業績を伸ばしている企業も多数あります。

新型コロナウイルスがもたらした変化は、企業の業績だけではありません。私たち個人の日々の生活や働き方においても、大きな変化が見られました。そして、その変化は刻一刻と変化していっています。

このような危機の際とその後に、それまで起こりはじめていた変化が加速するということを、人類は何度も経験してきています。

たとえば、1918年から1920年にかけて世界的に大流行したインフルエンザウイルス（通称「スペインかぜ」）の際には、WHO（世界保健機関）によると、当時の世界人口の20～35％に当たる約5億人が罹患し、亡くなった人の数も4000万～1億人程度に達したと推定されています。

当時は第一次世界大戦後の復興時期とも重なり、アメリカを中心とした大量生産・大量消費が進んでいた頃です。とりわけ映画やラジオといったメディア産業が勃興していました。ちなみに現在、世界有数のメディア・エンターテインメント企業に成長したウォルト・ディズニー・カンパニーの創業は1923年です。

また、過度な装飾を落とした実用的な建物が増え、現代社会の礎を築いていきました。特にアメリカとカナダでは、都市人口が農村人口を上回り、カナダでは女性労働者の比率が20％を超え、女性の参政権も各

国で進みました。日本では「モダンボーイ」「モダンガール」という西洋文化の影響を受けたファッション・文化が普及し、普通選挙が実施されたときの資格は男性のみだったものの、高等教育が一般庶民にも拡大していきました。

同じように、2008年に金融危機（リーマン・ショック）が起こった際には、アメリカで従来の利益偏重と過度のリスクを取り得る新自由主義の見直しが入り、2010年には金融規制改革法が制定され、コーポレート・ガバナンス*の考え方の修正が始まりました。

＊コーポレート・ガバナンス：「企業統治」と訳される。「会社は経営者のものではなく、資本を投下している株主のもの」という考え方の下、企業経営を監視する仕組みを指す。

当時トヨタ自動車会長であった張富士夫氏が「危機は機会とし、生産・販売の連携を見直す」というメッセージを出しました。これはリーマン・ショック以前から、世界経済に対する問題意識とその根本原因への対策があったからであると推定されます。その解決策を通して得た生産・販売機能を横断させる検討が、その後同社が将来へ向けてモビリティサービスカンパニーへ変革していく意思と行動につながっているのではないかと思います。

また、今回のコロナ禍初期に当たる2020年4月、日本電産の永守重信会長は、日本経済新聞からの「グローバル化の限界がきているのでは」という指摘に対し、以下のように答えています。

「その逆だ。もっとグローバル化が進む。自国にサプライチェーンを全部戻すのはリスクを増すだけだ。40カ国以上に工場を持ち、リスクを分散したと思っていたが、部品のサプライチェーンにまで、自分自身の思いが完全には至っていなかった。これについては猛省している。もう一回コロナ感染が広がったらどうするのかを考えた上で、数年かけて組織を作り変える」

さらにこのように永守会長は続けました。

「新型コロナにより自国優先主義は揺らぎ、改善に向かうことを期待している。コロナウイルスの予防・治療薬の開発にも国際的な協調が必要だ。各国の首脳の発言を聞いていると、彼らも少し反省していると感じる」

今回のコロナ禍を受けての"これから"については、つながりと相互依存の関係性を社会・企業・個々人の付加価値に変えていくことで、この流れがより大きな変化として進んでいると思われます。

2020年1～3月期の決算発表で、マイクロソフトのサティア・ナデラCEOは「2カ月で2年分のデジタル変革が起きた」と述べています。同社のクラウドコンピューティングサービス「Azure」は、前年比59%の増加、ビジネス対話アプリ「Teams」を含むOffice365も25%の増加、法人向けクラウドは39%増加しています。ナデラ氏は「顧客の知識の向上、販売、クラウドのインフラ構築などをすべて遠隔で行いながら事業を継続する支援をした」とも続けました。

アフターコロナの働き方、時間の使い方における自由度と選択などにおいて、個々人の可能性が広がった分野もあります。また、企業・組織で対面活動の価値、リモート・地域での可能性も見直されているでしょう。さらにデリバリー・ECの加速によるオンライン・オフラインの一層の融合による顧客体験の価値も評価されています。グローバルに広がるバリューチェーンにおける多層構造の末端まで行き届いたマネジメント・レジリエンスの強化、気候変動に対する個人の意識と企業の取り組みの加速と気候変動を経済的価値に変える動き、多様性への取り組みなど、これまでと違った変化が起こりはじめている分野も多いと思います。

今回の新型コロナウイルスのような危機的状況を、私たち人類はこれまで何度となく経験してきました。その度に、人類は危機以前にすでに起こりかけていた新しい社会や経済のあり方・仕組みの変化を加速させ、危機を克服するだけでなく、社会を新たなステージにアップデートしてきました。

つまり、今回の新型コロナウイルスによる危機も、現在は大変な状況であることに変わりはないものの、これからのプラスとなる価値として活かしていくポイントは、それまで起こりつつあった"変化"の加速をポジティブなものとして捉えることにあります。

そして、多くの人々が感じているデジタルを梃子にして起こす変化としては、インターネットにあらゆるモノ・コトがつながることで、そのモノ・コトの行動・振る舞いがデータ化され、認知と分析の結果活用で今以上の“つながり”が加速していくことにあると考えられます。

“つながる”ことは多くの意味や価値を生む

1989年のベルリンの壁崩壊後、1995年に発表された「Windows 95」の影響もあり、インターネットは個人ベースでも急速に普及しました。グローバリゼーションとテクノロジーの進化によって、フィジカルな活動やその過程での様々な体験が加速し、さらにインターネットによって、世の中のヒト・モノ・コト・キャッシュ・時間がすべてつながり、デジタルとフィジカルが相互依存するようになってきたと言えます。今や世界人口の57%に相当する43億9,000万人がインターネットにつながり、同じく67%に相当する51億人がモバイルユーザーです（2019年時点）。

このように世界中の人々が、スマートフォンなどのパーソナルデバイス上で、SNSやメールを使ってコミュニケーションを行っています。知人だけでなく、知らない人同士も共通の趣味やその時々の関心事、誰かの発言に対する反応などを通して、つながり続けています。

人は元々、記憶と記憶でお互いを認知し、会話や手紙、電話でコミュニケーションすることでつながってきました。現在は「どのような情報を得たか」や「どのように行動したか」もデータでつないでいくことが可能です。SNSで知り合っていることも、どのように行動しているかも、過去どのように生きてきたかも、すべてデジタル化される世の中になりました。

2019年時点で253億台の機器がインターネットにつながっていると試算されますが（総務省『情報通信白書』令和2年版）、この数は今後さらに加速していくでしょう。一つひとつの機器の個々の機能がどのように稼働したかが、データ化・見える化され、さらに蓄積されたデータをもとにシミュレーションされることで、「どのような条件で、どのようなことが起こるか」ということを様々な範囲で予測することができます。機器だけでなく、気象情報などの環境データからは、地球そのものに関わる変化もセンサーによって記録されているのです。過去と未来をデータと数字で示せるようになり、これらの範囲も精度向上も加速していっています。

図表1－1の左の図は、世界経済フォーラムの「グローバルリスク報告書 2020 年版」のものです。つながり続ける世界では、人が直面するリスクが、本質的に相互に関連しています。社会、経済、地政学、環境、技術がつながっているのです。これは問題への対応や評価を縦割りで考えていては、解決にならないことを示しています。これらの動きはリスクであるとともに、大きなイノベーションの機会であると言えます。

特に ESG*（環境、社会、ガバナンス）や SDGs*（持続可能な開発目標）に関わる分野の変革は、これから加速していくのではないでしょうか。

* ESG:「Environment（環境）」「Social（社会）」「Governance（ガバナンス）」の頭文字を取った言葉。近年、企業が長期的に成長するためには、ESG への取り組みが重要との見方が急速に広まっている。
* SDGs:「Sustainable Development Goals」の略。2015 年 9 月の国連サミットで採択された、国連加盟 193 カ国が 2016 年から 2030 年の 15 年間で達成するために掲げた持続的な開発のための目標。

図表1-1　変化は“つながり”によってもたらされた相互依存・機会とリスク・スピード

グローバルリスク相互関連性マップ

つながり広がる体験価値の向上機会

出典：世界経済フォーラム：グローバルリスク報告書より

社会には、元々たくさんのつながりが存在しています。「人を知っている」というつながりであれば、同級生、チームの仲間、部署の同僚、顧客、取引先、銀行、業界のライバルといったものが存在するでしょう。暮らしの面でも、それぞれの家族とその先のつながりで、さらに多様化していくに違いありません。ここで言う「つながり」とは、人同士のつながりだけを意味しているわけではありません。パーソナルデバイスだけではなく、家電、モビリティ、建物、企業活動での調達、生産、物流、販売に関わる機器、個々の部品はこれまで以上につながり続けています。このことは、ヒト・モノの行動・振る舞い・結果としての体感・感覚である「コト」も、新たにつながる対象になっていくということです。お金やポイントのやりとりも同様です。つまり「ヒト」「モノ」「コト」「キャッシュ」が、「データ」としてつながりつつあるということです。

一対一の行動のつながりは、データ化を通したデジタルにおける一連のストーリー（ジャーニー）として見えるようになってきています。つまり、個人の製品・サービスを通して得た体験は、デジタル化（データ化）されることで、一つひとつの製品・サービスにフィードバックされ、まず個別の製品・サービスの更新として活用されます。そしてさらに、その一連のストーリー全体として複数の製品・サービスを再構成したり組み合わせたりすることで、新たな体験価値の創造と提案が可能になるのです。デジタルを使った見える化、分析に基づきシミュレーションされることで、次の「つながり」とそれによって引き起こされる体験や未来も、一定の条件ではありますが、予測可能なものになりつつあります。

顧客が体験したいことは、その体験の文脈、つまりどのような暮らしの場面であったか、ライフステージのどの段階だったか、どこで誰と一緒にいるかなどにより、変わり続けます。そして、その体験の“つながり”を「ジャーニー」と表現すると、人は一連のジャーニー体験全体に価値を感じます。自分たちの思い出をInstagramで共有し、人々からの「いいね」や「フォロー」を受けることで、「また体験したい」「そのために自分の資源、時間やお金を投じ続けたい」となります。このようなポジティブな体験が連なることで人々の生活に寄り添うということがあるでしょう。

本書では、この人にとっての体験のつながりの可能性について、「顧客体験のジャーニー」と表現することにします。

また、その体験価値を創るための様々な機能、企業や社会の仕組みと言えるバリューチェーンも、それぞれがつながり続けることにより、今までより便利に、より間違いが少なく、より安心して利用できるように進化を加速させていっています。

つまり、個人にとっての成長の機会・学び・発見、個人間の相互作用による文化の進化、従来の政治が解決できないことに対する問題提起、多様性の気づきのみならず、これらの領域には顕在化していないビジネスのチャンスが、まだまだ存在していると言えるでしょう。

新たな体験の普及までの時間が短くなり、ニッチはグローバルにつながる

テクノロジーも、ヒトやモノと同じように、つながっていきます。正確には、それぞれの価値を掛け算で組み合わせることが、さらなるテクノロジーの進化を加速させていくことになるという意味です。その結果、テクノロジーとのつながりにより、さらなる相乗効果が生まれ、顧客が体験価値を得るまでの時間も格段に短くなっていくのです。

図表１－２で読み取れるのは、「消費者全体への普及までの時間が短くなっていること」「グローバルに同じ興味を持つ一定の消費者への普及はさらに短くなっていること」です。かつてテレビやラジオといったテクノロジーが登場した後、それらが多くの人に伝わり、暮らしの中での体験・利用が普及するまでに要した時間は20年単位でした。それが1990年代以降のスマートフォンやソーシャルメディアの普及を見ると、数年単位に短くなってきています。そして、この近年は日本にとって「失われた20年（30年）」と言われてきた時代でもあります。

一方で、スマートフォン向け位置情報ゲームアプリ「ポケモン GO」は、リリース後わずか19日で、利用者が5,000万人に達しています（モバイルアプリ分析Sensor Tower発表）。パーソナルデバイス上で「知

る」と「試す」をほぼ同時に行うことができるのです。このようにあらゆる人たちとSNSなどでつながり、何らかのコミュニケーションを容易にとることができる時代です。従来の見方ではニッチな市場であったとしても、グローバルでは十分なビジネス規模が存在する場合もあります。その市場での顧客体験を顕在化させることができれば、つまりお金に換算できるビジネスに価値交換することができれば、事業はさらに広がる可能性があります。そこで多くの人が気づくことは、グローバルにスケールするのはオンライン上だけではなく、フィジカルな価値も同様にグローバルに展開できるということだと思います。このことについては、第2章、第3章で詳しく述べていきます。

前述の「ポケモン GO」は、“面白い”という共感が世界規模で非常に短時間に普及した例と言えます。

ニッチな情報や価値でも、そこに対する感度がある人に届くことにより、すべてのことは始まります。いわゆるロングテール*です。

*ロングテール：販売数の少ない商品群の売上の合計が、売上全体の大きな割合を占める法則。ECでは、商品の売上グラフを、縦軸を販売数量、横軸を商品名として販売数量が多い順に並べると、販売数が少ないニッチな商品が恐竜のしっぽ（tail）のように長く伸びることから、このように呼ばれるようになった。

図表1-2　新たな体験の普及までの時間が短くなっている

※普及率からスピードへ。全体からスケールあるスコープへ

◆アメリカの世帯普及率

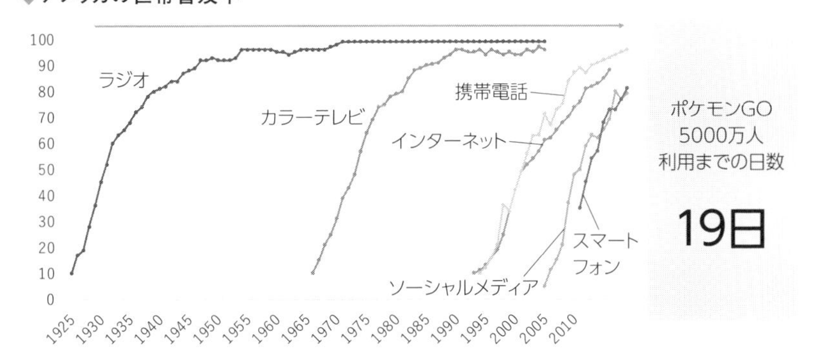

出典：Our World in Data

際立った価値に意味合いを感じる人の絶対数は少ないかもしれませんが、その人にとっての情報価値はより高くなります。これはブランドなどの無形資産の価値も同じです。無形資産の価値については、次項で改めて解説します。

ここで大切なのは、「一見大きなマスマーケットを最初から狙いに行く必要はない」ということです。言い方を変えると、その体験が共感とともに伝えられることで、「欲しい」という感情が生まれます。さらにそこにお金を払う顧客層を確保できれば、世界規模で付加価値が生まれ、新たなビジネスモデルを創造し、成長し続けられる可能性が出てくるということです。

アメリカで、ZARA を検索数で上回った「スーパーファストファッション」と呼ばれる中国の SHEIN（シーイン）という会社も、そういった例です。同社は 1990 年代後半から 2000 年代に生まれた Z 世代にターゲティングしたオンライン限定のファッション販売を行っています。街角のファッションを迅速に小ロットで顧客に届ける ZARA に対して、SHEIN は Instagram など、オンラインの流行を 3 ～ 7 日で届けることができるのが特徴です。

今やオンラインの顧客体験も大変一般化されました。また、工程がデジタル化されているので、バリューチェーンの調達から各種工程の外部工場の連携まで、デジタルにつながる利点を活かすことができます。ちなみに ZARA の工場ロット数は 500 ですが、SHEIN は 100 です。ネット上での流行から " ファストファッション " を分析しているため、売れる確率が高い製品に注力することができるのです。

全商品の 10％程度しか売れ行きの悪い商品を出さず、縫製工場への補助支援などの Win-Win の関係も構築しているのが特徴となります。また、重要なインフルエンサーである KOL*（Key Opinion Leader）、KOC*（Key Opinion Consumer）の利用も進みつつあります。

＊ KOL：中国等においてグルメやファッションなど特定分野の販売促進に影響力がある専門家を指す言葉。もともとは医師など医療業界での専門家や研究者を指していたが、近年は「中国版インフルエンサー」という意味で用いられることが多い。

＊ KOC：KOL と同じくソーシャルメディアで強い影響力を持つ人々で、KOL より一般消費者に近い。専門性やフォロワー数は KOL に劣るものの、フォロワーとの関係がより親密で、購買に高い影響力を持つ。

このSHEINの例でわかるように、価値がある商品やサービスであれば、世界中に無数につながったネットワークを梃子にすることで、さらにスケールしていく可能性が高いでしょう。

多様なマイノリティもオンラインでつながることで国境を越えた共感を共有することができる現代は、ある際立った体験価値を得ることができれば、グローバル市場こそが勝負であると考えはじめている経営者も出てきています。

たとえば、星野リゾートの星野佳路代表は、「日本文化のテーマパークのような“日本旅館”でグローバル市場に参入することが、外国人の方々の気持ちにスーッと入っていく唯一の方法である」と語っています。これは「文化」が差異化要素であるということだけでなく、つながる世界においては、日本文化への憧憬や共感がすでに共有されているということです。そして、その体験に価値があると考える人々の間で思いが共感されれば、この情報はさらに拡散されるでしょう。

このように、つながる世界では、市場を創造する機会は年々増しているのではないでしょうか。それは大企業、中小企業、スタートアップ企業といった従来の概念における資産の差や、逆に積み重ねによる制約にも囚われる必要がないことを意味します。新型コロナウイルスが引き起こした変化は、これを捉える機会のひとつと考えられるのではないでしょうか。

1―2　無形資産価値の向上――ESGとCSV

価値は目に見えることから、人々の体験への期待、それに応える人財、実践し続けるためのデータ活用に移りつつある

前章において、インターネットなどに代表されるデジタルとのつながり、そして相互依存が進む現代のネットワークを前提とした世界が広がりつつあることを指摘しました。注目すべきものが「無形資産価値」です。過去50年、無形資産が生み出した企業価値は増え続けています（図表1－3）。

プラットフォーマーGAFAM*の企業価値の多くは、無形資産が生み出したものです。たとえば、アップルの企業価値の構成要素は、同社のデバイスを利用した体験を人々が欲しいと考えるブランド価値、直営店やコールセンターのメンバーの笑顔とわかりやすいサポート、パーソナルデバイス、iOSなどを無償で更新し続けるソフトウェア、さらに一定料金のサブスクリプション契約でいくらでも体験利用できる音楽や動

図表1-3　過去50年無形資産価値は、伸び続けている

アメリカ「S&P 500社」のうち無形資産が生んだ価値の比率

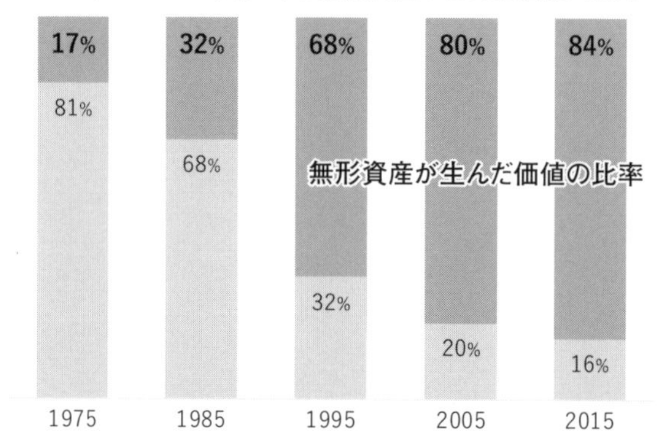

出典：Business Intangibles「Intangible Assets Increase to 84% of the S&P 500's Value in 2015 Report」

画、クラウドサービスなどです。アップルは自社の生産設備はキーとなる箇所だけを集約して持ち、無形資産を中心に価値が構成されています。

＊ GAFAM：アメリカの代表的 IT 企業であるグーグル (Google)、アマゾン（Amazon）、フェイスブック（Facebook）、アップル（Apple）、マイクロソフト（Microsoft) の頭文字を取った呼び名。ちなみにフェイスブックは 2021 年 10 月に社名をメタ（Meta）に変更。

ちなみに、アップルの PBR（Price Book-value Ratio ／株価純資産倍率）は、2021 年 6 月時点で 36.5 です。PBR とは、企業の資産をそのまま売却した金額と企業価値（株価の時価総額）における比率のことを指しますが、28 ページの図表１－５のグラフで示したとおり、アップルの PBR は高い水準にあります。

たとえば、スターバックスコーヒーは、単に美味しいコーヒーを提供するだけでなく、地域に根差した店の雰囲気、音楽、従業員の対応など、企業としてのミッションが徹底されています。それを支えるのが、各店で実施される人財教育と育成であり、フィードバックの仕組みです。また、標準化されたコーヒーマシンのデータ分析の活用、人々の多様なストーリーが交錯する場として、ブランドと合わせて無形資産が競争力の源泉となっています。

無形資産とは、内閣府の検討資料では、具体的に以下のような資産のことを指します（図表１－４）。

- **情報化資産（データ、データベース、ソフトウェアなど）**
  ……アップデートの源泉、これからの価値の源泉、他の価値の活用の梃子となるものです。
- **経済的競争能力（組織力、人財育成・教育、顧客資産、エコシステム、ブランドなど）**
  ……付加価値の源泉、企業の方向性を力にする源泉です。
- **革新的資産（R&D、知財、デザイン）**
  ……差異化へ寄与します。

図表1-4 **無形資産の3つの柱。付加価値を生み出し続けている**

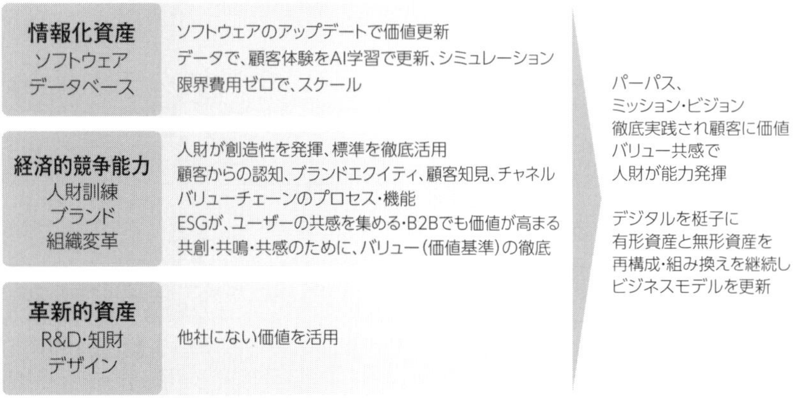

情報化資産 ソフトウェア データベース	ソフトウェアのアップデートで価値更新 データで、顧客体験をAI学習で更新、シミュレーション 限界費用ゼロで、スケール	パーパス、 ミッション・ビジョン 徹底実践され顧客に価値 バリュー共感で 人財が能力発揮 デジタルを梃子に 有形資産と無形資産を 再構成・組み換えを継続し ビジネスモデルを更新
経済的競争能力 人財訓練 ブランド 組織変革	人財が創造性を発揮、標準を徹底活用 顧客からの認知、ブランドエクイティ、顧客知見、チャネル バリューチェーンのプロセス・機能 ESGが、ユーザーの共感を集める・B2Bでも価値が高まる 共創・共鳴・共感のために、バリュー（価値基準）の徹底	
革新的資産 R&D・知財 デザイン	他社にない価値を活用	

出典：成長・発展ワーキング・グループ参考資料 / 内閣府 を元に作成
https://www5.cao.go.jp/keizai-shimon/kaigi/special/future/1001/shiryou_03_2.pdf

(1) 情報化資産

情報化資産は、はじめに固定費をかけた後、コピーにかかる費用はほぼありませんので、限界費用はゼロに近づきます。したがって、ユーザーを一単位増やすためのコストはほぼかかりません。そのため、後述するネットワーク効果や補完価値を活用することで、企業価値を大きくスケールさせることができます。そして、情報価値のアップデートはハードウェアよりも迅速に可能です。またデータを蓄積させていくことで、AI（機械学習、深層学習など）によって、提供価値やその価値構成をアップデートさせていき、成長のスピードを加速させていくことも可能です。

(2) 経済的競争能力

経済的競争能力のうち、組織力については、以下の三方向（行動規範・価値基準、自立と自律、多様性）で価値を発揮します。この三方向について詳しく見ていきましょう。

・行動規範・価値基準：企業が目指す方向に沿った価値基準は、バリューなどで個人・組織に徹底されていきます。スターバックスで働く人がそれぞれ工夫しながら行動することこそ、顧客がそこに足を運び、サードプレイスとして利用し続ける源泉の一つとなっています。この価値基準が設計され共感され、行動することで、人々の共感を集めていくのです。また、標準的な活動やガバナンスを徹底することで、足元での生産性や中長期のESG貢献も実践されています。

・**自立と自律**：企業の目指す方向で、成長に貢献していきます。企業と個人の目指す方向が重なることで、個人の創造性が相乗効果を伴い発揮されます。また、新たな仕組みやシステムを効率的に活用することで、標準プロセス化や自動化を行うかどうかを見極めることが可能です。

・**多様性**：企業が目指すところの存在意義、目的、目標や価値基準に沿って組織が行動することで、多様性の存在を価値創造に活かし、世の中の方向を理解して活動していきます。また、個人と組織が自立・自律して日々の行動をアップデートしていくことを進める企業活動の源泉にもなります。

また、これらに対して、理解、納得し、コミット、共感するための教育と継続フォローも、価値に直結します。このようにして、有形・無形の資産を活用していくスキルは、進化していきます。継続的な育成のために、リスキル*の継続も重要です。デジタル活用でDX人財が注目されるのも、この流れの一つです。これについては、第4章で詳述します。

*リスキル：企業が従業員に対して、新しいスキルや技術を身につけさせることで、新たな価値、サービスの創出や生産性の向上、ひいては従業員の市場価値の向上につなげること。

顧客との関係性、顧客に対する理解、洞察力などの顧客資産は、データ化してAIなどの情報化資産の活用を繰り返すことで、価値の進化や成長を累乗に加速させることができます。ここでは、経済的競争力の一つとして考えます。さらに後述する価値を補完する企業の生態系（エコシステム）との関係も、つながり続ける世界においては経済的競争力と言えるでしょう。
　ブランドは、企業の付加価値をより明示的に人々に共有させていきます。製品・サービスなどを人々が「欲しい」と感じるレベルのものとして本能に響かせることで、購入・利用する確率は高まります。

(3) 革新的資産

　革新的資産である知財・R&Dは、自社の差異化要素であり、アライアンスなどで価値は発揮され、さらに社会貢献にもつながっていきます。ただし、その知財の価値が発揮できるビジネスモデルがあることが必要です。場合によっては、価値を発揮できる企業に売却し、活用してもらうことを戦略的に進めていくことが重要となります。デザインも同様で、見た目ではなく、自社の存在意義や社会貢献、顧客にとっての価値とビジネスモデルを整合させることで初めて自社にとっての価値となります。

　ここまで述べてきた無形資産の価値を参考値としてPBRで比較したのが、図表1－5です。顧客体験のプラットフォームであるハードウェアのバリューチェーンを統合するアップルやテスラのPBRが最も高い

図表1-5　**PBR比較（参考）**

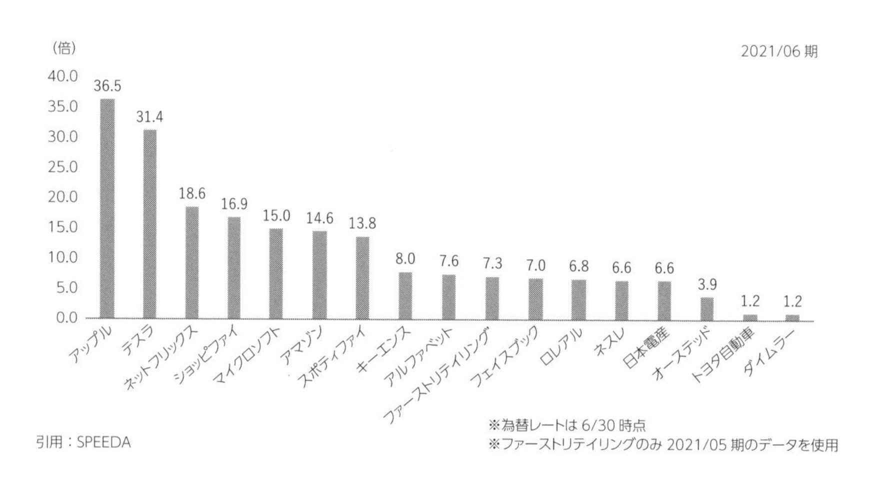

引用：SPEEDA

※為替レートは6/30時点
※ファーストリテイリングのみ2021/05期のデータを使用

のが特徴です。顧客体験のプラットフォームとそのバリューチェーンを統合しているネットフリックスとアマゾンが続いています。日本企業においては、経営哲学である付加価値創出を徹底させ、後述するような標準の仕組みでグローバルに展開するキーエンスが、これらの企業に続いています。顧客体験のプラットフォームに関しては、価値交換の源泉が広告に偏っているフェイスブックやアルファベット（グーグル親会社）の PBR は、やや低いです。

この無形資産の価値が拡大し続けた 1990 年代、すなわちつながりが加速した時代に、日本は成長することができていません。もちろん有形資産も引き続き、価値実現や成長にとって重要です。しかしながら、無形資産を梃子に付加価値を拡大していくことができなかったことが、日本の長期にわたる成長低迷の大きな要因の一つと言えます。

無形資産価値の高い企業が何に応えているかといえば、受益者にとっての付加価値や価値観に沿った振る舞いです。それにより顧客のロイヤリティが高まることで、企業との継続的な関係性が構築されていきます。それと同時に、「そこに働く人の能力発揮が高まり、エンゲージメント*も高まる」というプラスのサイクルが回りはじます。これらは、今後の企業にとって必要となる多くの価値を含んでいます。

＊エンゲージメント：従業員の会社に対する愛着心や思い入れといった意味を指す。

付加価値を上げるために

ここから付加価値について詳しく説明していきましょう。まず顧客がその価値を欲しいと思う対価である WTP（Willingness to Pay ／支払意思額）が存在します。さらに、その価値をつくるためのサプライヤーがバリューチェーンに参加したい、サプライしたいと思う金額である WTS（Willingness to Sell ／売却意思額）があります。WTP − WTS は企業によって創造された価値です。一方、顧客が実際に支払う価格とサプライヤーへ支払うコストの差が、獲得された付加価値です。

図表1-6 **付加価値とは、そのための戦略は**

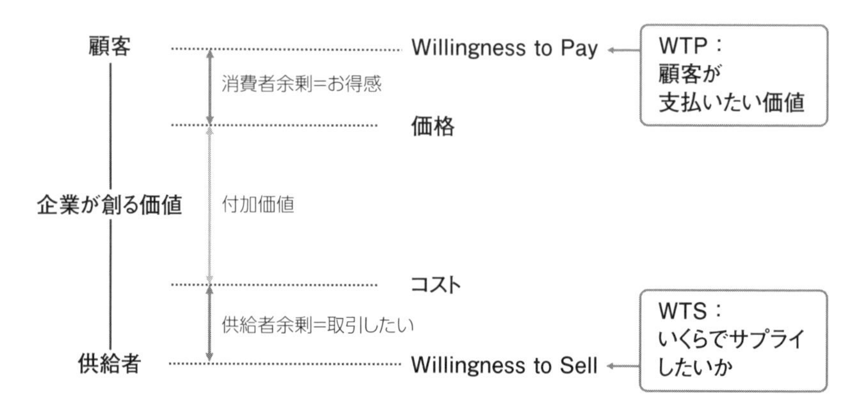

出典：Felix Oberhoizer-Gee, Harvard Business School, Better Simpler Strategy 2021

この付加価値をどのようなビジネスモデルで具現化し、継続するかがポイントとなります。そして、そのビジネスモデルが企業として目指す立ち位置・存在意義と合致しているかどうかは、企業の将来にとって大きな意味を持ちます。

WTPと価格の差が、経済学でいう消費者余剰であり、お得感であり、それを体験する人々にとっての価値やうれしさです。アップルのiPhoneが高くても人々が買い続ける理由は、iPhoneを使っていることで、うれしさや心地よさ、クールさ、自己満足につながり、利用が快適ということもあるでしょう。さらに、Apple IDを通しての様々なアプリの利用、多数の人々との交流、これらが一つのデバイス上で体験できることもまた、iPhoneを利用し続けたい理由になっているのではないでしょうか。

一方、WTSと実際にサプライヤーが支払う金額の差は、交渉の結果により決まります。サプライヤーが「その金額でも納品したい、サービスを提供したい」という金額です。この差が生産者・供給者にとっての余剰であり、サプライヤーにとっての価値となります。アップルのAppストアには、高額の手数料がかかりますが、サプライヤーにとっては、利益を下げてでもAppストアでのスケール、ユーザー数に価値があるということです。

アップルのハードウェアは、シンプルかつクールな統一感が体験価値の一部であり、多様な体験を提供するアプリとの組み合わせが魅力となっています。一方、半導体については自社で設計するものの、製造はTSMCに委託していて、iPhone本体の製造は鴻海（ホンハイ）が実施しています。アップルが価値を発揮しているのは、設計能力やデザイン、iOS、基本的なアプリケーション、これらを統合したブランドなどの「無形資産」です。みなさんが経験しているようにiPhoneはどんどん更新されていて、体験価値は高まり続けています。そうすることでWTPが継続され、お得感も維持されていくのです。

もう一つ、企業が創出する価値であるWTP－WTSは固定ではなく、増減します。サプライや関係活動をWTPに転換できれば価値全体が増加します。たとえば、後述するように、アップルはサプライチェーンのカーボンニュートラルに取り組んでいます。そういった取り組みはブランディングとして還元されることで、WTPを高めることができます。それと同時に、サプライヤーのカーボンニュートラル化を支援することで、WTSを維持しようとしています。

体験価値はインターネットのつながりの中で、ネット上で記録され続けています。このことも人々にとって、将来、未来、地球環境の持続可能性を意識することと関係しているかもしれません。人は目の前のことも、過去のパーソナルヒストリーも、そこから想像される将来も体験を通してイメージするからです。他の人と共感できるかということ、本音で欲しいと思うということ、その瞬間どうしても必要であるということ、これらの組み合わせにより、WTPにいくらの価値があるかが決まっていくのです。

CSV経営が社会課題解決と企業価値向上の両立を実現する

顧客が企業に対して感じる価値は、サービスの品質だけではありません。先ほど紹介したサービスを開発した背景や、企業そのものの創業理由や歩みなどのストーリー、文化・社会に対する取り組みなどすべてが関係します。ここでは「ESG」や「CSR*」「CSV*」といったキーワードが参考になります。

* CSR：「Corporate Social Responsibility（企業の社会的責任）」の略称。企業が組織活動を行うにあたって担う社会的責任のこと。
* CSV：「Creating Shared Value（共通価値の創造）」の略称。企業が社会ニーズや問題に取り組むことで社会的価値を創造し、その結果、経済的な価値も創造されることを意味する。

ESGにも掲げられている「環境（Environment）」への取り組みには、長い歴史があります。スイスのシンクタンク「ローマクラブ」は、1972年に発表した『成長の限界』の中で、「人口増加や環境汚染といった現在の傾向が続けば、100年以内に地球上の成長は限界に達する」というシミュレーションを示し、警鐘を鳴らしています。これにより、各企業や政府は、オゾンホール対策など、環境対策に本腰を入れるきっかけになりました。

一方、「社会（Social）」や「ガバナンス（Governance）」においては、1997年に起きたナイキ製品の不買運動が参考になります。当時ナイキは人件費の安い東南アジアの工場で生産を行っていましたが、その工場の労働環境が劣悪だったのです。児童労働、低賃金労働、長時間労働、強制労働のほか、セクシュアルハラスメントまであったと聞いています。このような事実が明るみになった結果、アメリカを中心にナイキ製品の不買運動が起こり、さらにその波は世界中に広まり、訴訟問題にまで発展しました。

ESGの必要性は、一般の人々にもこれまで理解されていたと思います。ESGの無理解に対するリスクとESGに対する機会のスピードが年々増し、企業活動にとって、ESGを実行することの必要性と重要性は増しています。補足すると、ESGは、社会的な責任を果たす企業の価値を評価する意味合いで、投資家の視点です。一方、CSRは、社会的な責任を果たすことを経営に組み込むことで、企業側の視点です。

2017年に、イギリスのファッションブランド「バーバリー」が売れ残った商品約42億円分を焼却処分していることが判明したのがいい例です。それによりバーバリー社は、世界中から多くの非難を浴びました。同社は「今後、在庫を焼却処分しない」との声明をすぐに発表しました。また、グローバルの大手製造小売りブランドである「ユニクロ」や「ザラ」などが、中国の新疆ウイグル自治区で少数民族に労働を強制させているという疑惑が浮上した件に関しても、一時的な不買運動へつながりました。

これらはあらゆる情報や価値が、インターネットを通して瞬時に伝播する社会になったことを示しています。逆に言えば、各国各社が行う地球環境にとって持続可能な成長に貢献する取り組みも瞬時に伝わるということです。

そのため、企業は年々、ESG対応やCSR的な取り組みを強化しています。同時に、自社の取り組みをCSRレポートなどで外部に積極的に発信することで、顧客との良いエンゲージメントにつなげようとしているのです。

このような社会の課題解決に対する企業の取り組みとそれに対する意思が、企業の付加価値の創出活動を生みます。さらに、それらが顧客の共感と継続的な購買につながることで、持続的な利益成長となり、各社

図表1-7　ネスレのCSV経営　経済価値とESGの両立

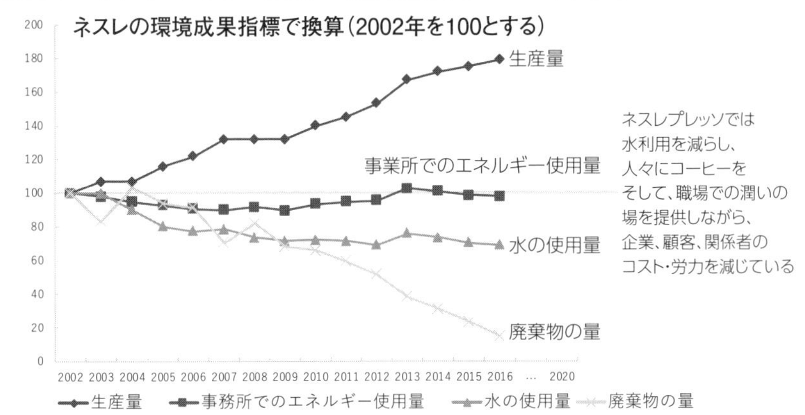

出典：Nestlé S.A. “Nestlé in society: Creating Shared Value” (2012) / “Nestlé in Society” (2014,2016) / “Creating Shared Value and Sustainability Report Appendix” (2020), 参考：アンドリュー・S・ウィンストン『ビッグ・ピボット』英知出版

にとって事業を継続していくためにESG対応やCSRと後述のCSVが必要であることが明確になってきているのです。

図表1－7は、世界最大の食品・飲料メーカーであるネスレが、実際に生産量を増やしながら、廃棄物や水の消費量を減らしていることを示しています。ESGの取り組みが単に消費者へのリスク対応のためではなく、企業の付加価値に貢献し、生産の増大につながっているのです。

ESG投資やCSR、CSVが注目される以前から、自社の事業領域と社会課題を重ね合わせて、これらに対してどのような取り組みを行えば、会社の成長と社会課題の解決が共存できるのかについて、ネスレは真剣に社内で議論してきました。

2002年には、「The Nestle Sustainability Review」を発表し、2006年には「Nestle concept of corporate social responsibility as implement in Latin America」で明確に、「CSR」という概念を世間に提示しています。

たとえば、2006年のレポートでは、同社の社外取締役でもあるハーバード大学経営大学院のマイケル・ポーター教授が、「競争優位のCSR戦略」の項目で、次のように述べています。

「企業は、その目指す領域で、社会貢献を行いながら、価値・利益をつくっていくべきであり、そのことがこれからの競争優位となる」

さらに、2007年のレポート「Nestle Creating Shared Value Report」で、ネスレはCSVという言葉を明確に使いはじめます。2011年版のレポートでは、同社のCSV活動は「栄養」「水資源」「農業・地域開発」であると明記することで、3つの分野に焦点を置き、実際にその分野でどのようなことを目指していくかについての具体的な目標も示されました。

ここで重要なことは、CSRの整備やメディアが行うCSRランキングの上位に入るということではなく、企業と社会の一体化により、他社と一線を画す独自の価値、競争優位を築いていくということです。実際、ネスレはそれを着実に実行して、成果を残してきました。

たとえば、同社がインドで1960年代から行っているミルク事業です。現地に工場を建てたときは、ミルク農家の数は180ほどだったそうです。それが現在では7万5,000にまで増え、さらに子牛の死亡率を4分の１にまで減少させることに成功しました。これにより、ミルクの生産量は50倍にまで増加したのです。そして、このようなミルク事業を核に、数多くの関連事業や企業が展開する、いわゆる「産業クラスター」が現地で展開されていっています。その結果、電気や電話といったインフラが整備され、現地で働く住民の生活水準は向上したといいます。

インドにおけるネスレの事業戦略を補足しておきましょう。ネスレは現地の小規模農家と直接取引した結果、いわゆるブローカーの中間マージンを減らすことにより、農家に適切な対価を提供しています。メリットは直接農家と取引することで、自分たちの目でミルクの品質をチェックすることができることです。その結果、高品質な原料を継続的かつ大量に確保することができ、各種加工製品として展開することができているのです。

効果はそれだけではありません。ミルクの生産量は50倍に増えましたが、ネスレはコーヒーなどの加工品を生産するときに使う水やその際に生じる廃棄物の量を減らす努力も続けてきました。さらには中間業者だけでなく、消費者にネスレの商品が届くまで、あらゆるトレーサビリティ＊を確保し、安全性、品質、環境負荷へ対応を図り続けています。

＊トレーサビリティ：「その製品がいつ、どこで、誰によってつくられたのか」を明らかにすべく、原材料の調達から生産、消費または廃棄まで追跡可能な状態にすること。

このようにインドのミルク事業などにおけるCSV経営は、ネスレのビジネスにおける価値の源泉にもなっています。そして、利益率が高まるだけでなく、消費者からの高い評価も獲得し続けています。

ネスレは、カプセル式コーヒーとコーヒーメーカーをセットにした「ネスプレッソ」も成長させています。これは、職場にコーヒーという潤いを届けながら、同時に従業員の協力を得てコーヒーを入れるという“作業”や水の消費を最小化しています。ネスプレッソの例に見られるように、顧客にとってのトレードオフを解決することも無形価値であり、WTPと価格との差だけでなく、体験価値・うれしさを継続させているのではないでしょうか。

このようにデジタルとのつながりを駆使することで、この体験価値と継続性への貢献をWTPに変えることも可能になるでしょう。

これらは、顧客体験のつながり、価値提供のバリューチェーンであったり、シェアリングエコノミーのように利用されていない資源の見直しであったりするでしょう。持続的な社会への取り組みや、循環型社会に対する取り組みのプロセスを共有し、それにより顧客の共感を得ることで、WTPが高まり、付加価値が生まれ、これらの活動を拡大していくことも重要となります。

この際にどのようにすればフィジカルな資産を活用し、再構成し、時には組み換えながら、本来の受益者にとっての価値を上げながら提供していくことができるかを考え実行することが重要です。デジタルなつながりと、それに基づくデータの分析、それらに対するフィードバックの必要性がより一層高まってきています。

インターネットでつながり続ける今、一度ネットに記録されてしまった事実は消すことができません。このことも多くの人々にとって、自分自身の将来について意識するきっかけになっていると考えられます。

多様なステークホルダーに応え、持続可能な社会への貢献と付加価値創出を両立し続ける企業の成長と、それに至るための戦略のあり方

企業にとって、自社が目指すことを達成するための経営資源の配分は、戦略そのものです。戦略を立案する上で考えるべき経営資源の対象が「モノ」「カネ」といった有形資産から、「ヒト」「組織の行動」「活用する情報」「知的財産」といった無形資産に移りつつあります。さらに戦略を実践する企業は、株主への貢献だけではなく、社会の継続を考えるうえで多様なステークホルダーに相対することが前提となってきています（図表１－８）。

アメリカの主要企業の経営者が名を連ねる団体「ビジネスラウンドテーブル」では、定期的にコーポレート・ガバナンスの原則が発表されています。一例を挙げると、1997年には「経営者と取締役会にとって最も重要な責務は、株主に向けられる」と書かれていました。「株主が

図表1-8 **戦略とは目的達成のための資源選択の打ち手の束**

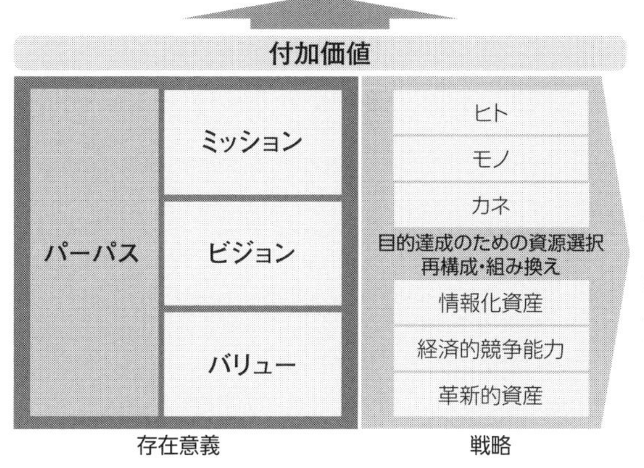

第一」とはっきりと言い切っていたわけです。

その後、2007年に発生したリーマン・ショックを契機に、キャッシュを得るために過度のリスクをとるような株主だけを意識したものではないとすることを明確にするため、2019年のビジネスラウンドテーブルにおいては、多様なステークホルダーを考えた声明「Statement on Purpose of a Corporation」を出しています。つまり、雇用創出、イノベーション促進、必要な財・サービスの提供といった企業の基本的な役割に加え、すべてのステークホルダーに対し、次の5点のコミットをすると声明を出しているのです。

①顧客の期待と同等以上の価値・サービスの提供
②働き手への投資（報酬、世界の変化に対応した教育）
③サプライヤーに対する公正かつ倫理的な取引の実行
④地域社会支援、環境保護
⑤株主（企業の投資、成長、イノベーションのために資本を提供）に対する長期的な価値の提供と透明性へのコミットと効果的なエンゲージメントの約束

この声明に対して、アップルのティム・クックCEO、アマゾンの ジェフ・ベゾスCEO（当時）、GM のメアリー・バーラCEOのほか、181人のCEOが署名しています。

つながり続け成長が加速し続けていく社会の中では、個人・企業・社会が今と将来を考えながら、付加価値の創出に取り組んでいくことが、事業の継続のポイントとなります。今や社会のベクトルはこの方向に向かいつつあると考えられます。

また、「投資」の観点からも、ESGやCSV経営は極めて重要な指標となっています。2020年、世界最大規模の資産運用会社であり、日本のGDPよりも多い約1,000兆円を運用しているブラックロックは、注目する指標を従来のガバナンス指標からサステイナブルな視点に変えています。それは、ESGやCSVに対して価値が増しており、かつ投資家がこの分野への投資を考えているためです。

投資家の企業に対する期待が「持続可能な社会への貢献と事業の付加価値創出の両方を実現するビジネスモデルを描けているかどうか」になっていると、ブラックロックはメッセージを出しています。そして、この流れは今始まったのではなく、すでに先行し成長し続けている企業が存在しているということです。

たとえば、アップルは2020年7月にiPhoneなど自社が手がけるすべてのデバイスにおいて、2030年までにカーボンニュートラル*を実現させると発表しました。

*カーボンニュートラル：何かを生産したり、一連の人為的活動を行った際に、排出される二酸化炭素と吸収される二酸化炭素を同じ量にするという目標。

同社はすでに2020年4月から、自社のエネルギー排出はすでにカーボンニュートラルになっています。その上で、2030年までにすべての事業か、製造サプライチェーン、製品ライフサイクルにおいて、カーボンニュートラル達成を目指すと宣言したのです。同社は「低炭素な製品設計」「エネルギー効率向上へ向けた投資」「再生可能エネルギー」「製造プロセスやマテリアルでのイノベーション」「二酸化炭素削減」といった5つの項目を挙げて、10年計画を示しました。

消費者からの共感を得るのは当然として、サプライヤーにも共感と行動を求めているのです。さらにアップルは、宣言するだけでなく、サプライヤーへのカーボンフリーへの支援も行っています。カーボンフリーのためにアップルの協力で100%再生可能エネルギー生産へ事業転換した会社が､競合を含む他社製品の製造を行うことも応援しているのです。

これは「地球にとって必要とされる企業となり、企業生態系をリードするイノベーションを進めていく」というアップルのメッセージでしょう。人々の価値観を知ることで、付加価値の創造に自社の資源を活用していくというのです。顧客体験のジャーニーの広がりを、今のうれしさだけでなく、将来まで広げ、バリューチェーンのイノベーションを、サプライヤー、エコシステムにまで広げて再構成・組み換えを続けることで、具体化させるのです。これらの取り組みと付加価値を上げることも同時に実践する。このイノベーションに対する人々の期待が高まることで、再び投資も集まってくるのではないでしょうか。

また、アップルがこのときに出した環境への取り組みの報告書において、多様性やインクルージョンにも触れているのが特徴です。

このように、アップルは製品だけでなく、サプライチェーンやエコシステム、環境におけるイノベーションまで積極的に手がけ、さらに差異化を進めようとしているのです。

1—3 個人の幸せと企業・社会の成長の関係性

企業が対峙する顧客市場、資本市場、人財市場

企業活動というものは、3つの市場（顧客市場、資本市場、人財市場）と対峙しながらも、これらの市場から評価されつつ、それぞれと価値の交換をしていると言うことができます（図表1－9）。

まず、顧客市場を見てみましょう。これは第2章で詳しく説明しますが、顧客体験の驚き・発見、さらに顧客にとってのトレードオフを解決し続けることが重要となります。これにより、顧客の期待を上回った結果として、自社にとって付加価値のある成長を継続することができます。

次に、資本市場ですが、これは投資家・株主と対峙しています。シンプルな評価としては、株価に対する時価総額の大きさがその評価に対する結果と言えるでしょう。前述のブラックロックのように、四半期の利益だけではなく、これからの株価総額の成長を投資家に期待させること

図表1-9 事業体は、顧客を第一に、資本・人財市場と対峙

顧客、資本、人　3つの市場それぞれに変化が加速している
顧客にとっての、体験、驚き、発見、我慢の最小化、トレードオフの解決
働き手は、自由・選択肢を増し、これができなければ人財を集められない
資本は、**経済よりも成長し、世界の継続、環境、個の自由を享受する方向に成功を収めてきている**

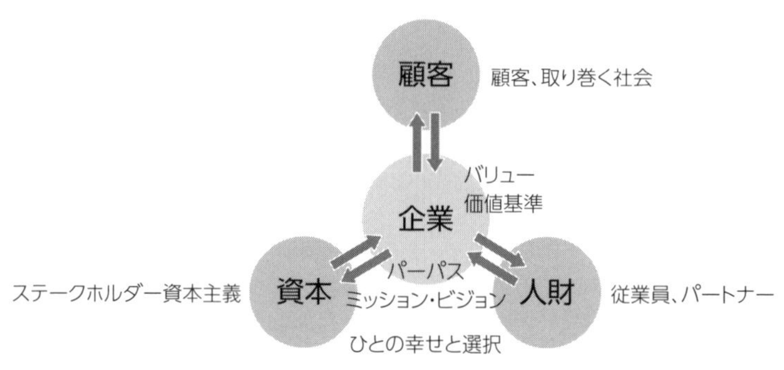

が欠かせません。ESGといった長期の視点と収益の成長の両方を実現するビジネスモデルの戦略と、それに対する計画が示されているかどうかが、これからの新しい評価基準となるのではないでしょうか。

最後に、人財市場です。企業の戦略が必要な資源の選択にあり、その選択のあり方が、無形資産を活用した無形価値、つまり顧客の体験であり、社会への継続的な価値であることは前述したとおりです。これからは各企業の戦略に共感し、その会社に参画し、共創・協働して企業の成長をともに担っていくことができる人財を確保することができるかが、現在も将来も重要になってきます。

有形資産と無形資産を組み合わせながら価値を創造していく時代において、企業は「人が働く際に、どのように判断し行動を実践するのか」という価値基準を明確にしておく必要があります。ここで明確にすべきは行動の基準であり、一つひとつの判断基準です。具体的に言えば、顧客への対峙の仕方であり、メンバーへのフィードバック、協働のあり方などです。変化が加速し続ける間、業務機能やプロセス、プロセスのつながりが変化し続けていても、一貫して企業が目指す価値を提示し続ける必要があります。このように業務プロセスの組み換え、再構成していくことを前提に、企業の目指すことを実践し続けることが大事であり、消費者にはこれに共感し続けてもらう必要があります。

スターバックスコーヒーでは、従業員（同社では「パートナー」と呼ぶ）の間で、気づいたことをフィードバックしています。フィードバックの際に、「Our Values」の一言が入ったカードにそれぞれが手書きで書いて渡すのです。これを行うことで、企業・パートナー間、パートナー・パートナー間の理解が進み、疑問があればさらに対応することで、納得と共感が積み上がっていきます。

働きがいと働きやすさ

スターバックスコーヒーの例で、多くの方がイメージするのは、働きがいについてだと思います。詳しくは第3章で述べますが、スターバックスは従業員にとっての働きがいが増すような工夫を凝らしています。明快な価値基準に加えて、「マニュアルが存在しない会社」という標準が準備されているのです。つまり、働きがいと働きやすさがセットになっています。

図表1－10は、Great Place to Work Japan（GPTWジャパン／働きがいのある会社研究所）が過去15年間にわたって続けている働きやすさとやりがいについてのレポートです。同社の調査に参加した462社の中で評価の高かった企業の実績は、日経平均の株価リターンを上回ります。同社では、働きがいについて、心理学者のフレデリック・ハーズバーグの二要因理論を使って分析しています。

- **動機づけ要因（やりがい）：あればあるほどやる気やモチベーションにつながる**

  ……達成・承認・仕事そのもの・責任・昇進・成長の可能性など
- **衛生要因（働きやすさ）：整っていないと不満につながる**

  ……会社の方針と管理・監督・仕事上の対人関係・作業環境・身分・安全保障・給与

図表1-10 **働きやすさ+やりがいは、業績向上につながる**

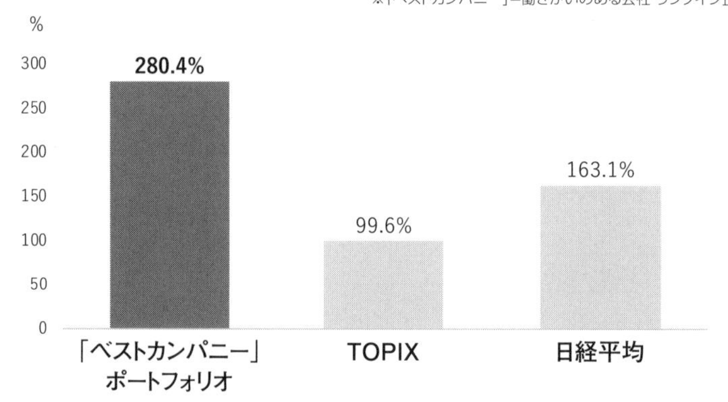

出所：GTPW Great Place to Work Institute Japan

GPTWのいう働きがいとは、「やりがい」と「働きやすさ」という上記の定義ですので、これを「働きがい」と「働きやすさ」に読みかえて考えてみましょう。

人財のスキル教育、リスキル、価値基準・行動基準に基づいて価値貢献したときのフィードバック、その行動や達成に対しての成長機会の提供が、やりがいと合致しています。同社の分析では、やりがいが企業業績にインパクトを与えるだけでなく、働きやすさがあってこそ、業績面やエンゲージメント面において最も成果が上がるという結果でした。

2020年9月に出された「人材版伊藤レポート」においては、「人財マネジメントの目的は、人的資本・価値創造である」と断言しています。人財戦略を経営戦略から落とし込み、経営陣・取締役会がイニシアティブをとり、モニタリングを行った上で、ステークホルダーへ対話を継続することに対する重要性を述べています。さらに、個と組織の関係性においては、個の自律と人財の活性化により多様な経験を取り込み、イノベーションにつなげること、また選び・選ばれる関係のある専門性を土台にしたコミュニティの必要性をも訴えています。このように経営戦略を実践し、イノベーションを具現化させるために、優秀な人財の存在がいかに重要であるかを述べています。

ここで付け加えておきたいのは、総合的な意味での働きがいというのは、人財市場から優秀な人に参加してもらい、長い期間にわたって協働・共創を企業とともにしてもらうことが重要であるということです。つまり、働きやすさによって生産性をより高めることが企業の目指す方向であり、そうすることで働く人にとってやりがいを感じる時間が増えるということです。

人財に関する価値観や思考について、もう少し深掘りしていきましょう。アメリカのメリーランド大学のアラン・ウィグフィールド教授は、課題解決を実現する際のマインド（価値）には、以下の4つの指標があると述べています。

① 内発的価値：その課題に取り組むことが楽しいか
② 実用的価値：その課題に取り組むことが役に立つか
③ 達成価値　：その課題に取り組むことが自己実現につながるか
④ コスト　　：その課題に取り組むコスト（必要な努力や機会費用など）の大きさはどのくらいか

ウィグフィールド教授の理論によれば、「コストが小さく、楽しめて役に立ち、自己実現にもつながる」課題に対して、人は前向きになり、価値を感じるといいます。

2010年には、著述家（作家）のダニエル・ピンク氏が著書『モチベーション3.0』の中で「変化が複雑で激しい現代においてこそ、従業員一人ひとりのやる気により、高い付加価値を生み出すことが重要だ」と説いています。さらに機械やAI（人工知能）ではなく、人にしか生み出せないことを行うことが重要なのです。逆に人だからこそ生み出せる付加価値があるとも言えます。そのためにカギとなるのは、以下の3つの欲求であると述べています。

・自身の「有能さ」を証明したい
・周囲との「関係性」を良くしたい
・自己行動を「自律性」を持って自分自身で決めたい

さて、ここまでを振り返ると、人の欲求とは、まず楽しみながら役に立ち、自己実現にもつながり、有能さも証明されるということ。さらに、関係性を良くしながら、自律性を持って自分自身で行動を選択できるということ。そして、課題に取り組む努力や機会費用は最小化していきたいということ、でしょう。これに対し、人財に対する新価値創造への挑戦や企業内外とのコミュニケーションのための場、仕組み、スキル獲得支援の提供・投資は重要と言えます。

これらは第2章で述べる「顧客の期待は掛け算で高まり続ける」ことと同様に、人財の期待を超え続けていく必要があると考えられます。

自由・選択度の高い環境を備えることで人も企業も成長する

従業員や人々の働きがいと同様、幸福度を高める指標として注目されているのが「ダイバーシティ*」「インクルージョン*」などの、いわゆる多様性に関する事柄とテクノロジーに関する事柄です。「多様性とテクノロジーを持ち合わせるチームや企業は、より成果を出す」というデータがありますので、以下に紹介します。

＊ダイバーシティ：「多様性」という意味の言葉。ビジネスの現場では「個人や集団の間に存在しているさまざまな違い」といった意味で使われる。
＊インクルージョン：「包括」「包含」という意味の言葉。ビジネスの現場では、多様な人々が互いに個性を認め、一体感を持って働いている状態を指す。

2020年6月に発表された、世界経済フォーラムのレポート「Diversity, Equity and Inclusion 4.0: A toolkit for leaders to accelerate social progress in the future of work」がそれにあたります。

このレポートは、急速に台頭するテクノロジーが、ダイバーシティ、エクイティ、インクルージョンの取り組みにもたらす実質的な機会とリスクを探るというものです。さらに、人財プールの多様化、組織全体のダイバーシティ＆インクルージョンのベンチマークなどに、テクノロジーがどのように役立つかについて説明しています。

このレポートによれば、「管理の行き届いた多様なチームは、収益性、革新性、意思決定、従業員エンゲージメントなどの面で、同質的なチームのそれよりも長期的な値で大きく上回る」という研究結果が紹介されています。

逆に、自由度の高い働き方を今後提供することができない組織は、人財の採用が難しくなります。「この会社で働けば、楽しそうだ。それも短期的ではなく、サステイナブルに自分たちの幸せが実現する」。従業員は、そのような企業で働くことを求めているのです。先ほど、WTP、WTSでの供給者との関係について述べました。人財にとっては、より働きたいと考えるのは、実際の給与もありますし、働きがい・働きやすさの両方でもあります。人財投資に対するトータルのリターンは、給与などの経済的なことに加え、人財の教育、働きやすさや、成長の機会を提供することと併せて、人財についての WTS を集めます。そして自社の目指すところに沿っての能力発揮が、顧客の WTP 向上につながります。

「自由度と選択度が高い環境で働いたことがある人は、スキルアップする傾向にあり、それが結果として企業の業績アップにつながる」というデータも出ています。これは、筆者が長年コンサルティング業に携わり、グローバルで数多くの企業を見てきた中で感じたことでもあります。これは、欧米企業に限らず、中国や東南アジアの企業であっても、グローバルを目指す企業に多く見られた特徴です。

顧客体験の期待を超える価値を提供し続けることが、付加価値の源泉になります。このように社会の持続的な成長に応えるビジネスモデルを目指すことで、このトレードオフを解決し、イノベーションを具現化し続けることが欠かせません。このように CSV 経営を具現化させ、顧客からの評価はもちろん、ESG 投資も集まり、成長は加速化していくでしょう。

さらに一人ひとりの働き手の幸せを具体化させ、かつ個人の期待を超え続けていくことが、企業の成長には必要だと、筆者は考えます。

つまり、多様性に富んだ発想を持つ従業員が、自己の価値観のアップデートや欲求を満たすために、自由に伸び伸びと仕事に取り組む環境を整備する。そうすることで、結果としてビジネスがより成長し、顧客に対しても、社会に対しても、さらに大きなインパクトや価値を提供することができるのです。

1—4 テクノロジーの変化の加速

テクノロジーの進化は、顧客の進化によってドライブされ、進化の加速は継続し続ける

テクノロジーの進化と、顧客のニーズの進化は一致しています。これによって加速を継続しているのです。クレイトン・クリステンセンが著書『イノベーションのジレンマ』で解き明かしたように、たとえば記憶媒体という分野は、それ以前と異なった顧客のニーズに対して新たなアプローチのテクノロジーを活用することで限界を突破してきました。

図表1－11のグライダーの法則は、クリステンセンの研究でも利用された磁気記録のテクノロジーの進化ですが、これを見ると指数関数的に性能を上げていっています。この技術が具体化されたものとして、フェライト・ヘッド、薄層、磁気抵抗といったように変わっていっています。

ここで重要なことがあります。ある時点をとったとき、同じ顧客に対して費用対効果の面を意識して技術の移行が始まったのではないということです。むしろ異なる顧客のニーズに応えることにより、技術的に不連続性なものであっても、結果として性能の連続的な進化を実現したのではないかということです。

技術的な引き算により、顧客の問題に解決策を示し、具体化していくことが進化の源泉となります。アジャイルにデジタル変革を起こし続けていくことと基本的に同じです。これは第4章の最後に述べます。

1986年当時でいえば、5.25インチの記憶媒体（フェライト）の収益性が、3.5インチの媒体を使うポータブルパソコンに対して4倍、粗利でも20％高い状況にありました。そうすると既存のフェライト・ヘッドでミニコンの顧客にビジネスを行ってきた会社が、3.5インチの小さな市場で出遅れてしまいます。残念ながら、このようなことを繰り返してきたという分析です。

「科学技術は直線グラフではなく、指数関数的に進歩する」とした「カー

図表1-11 技術進化は、累乗成長を継続し、加速し続けている

※縦軸は自然対数

グライダーの法則の継続：記憶媒体

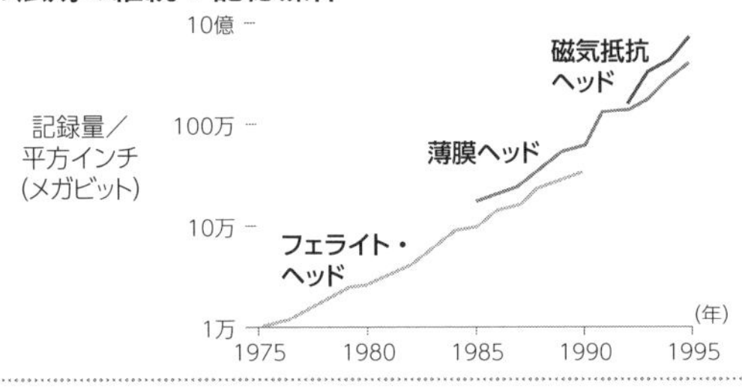

カーツワイルの法則：ムーアの法則拡張

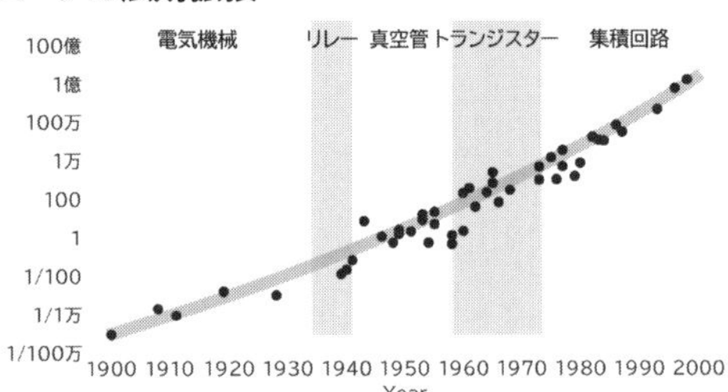

The Internet of Things

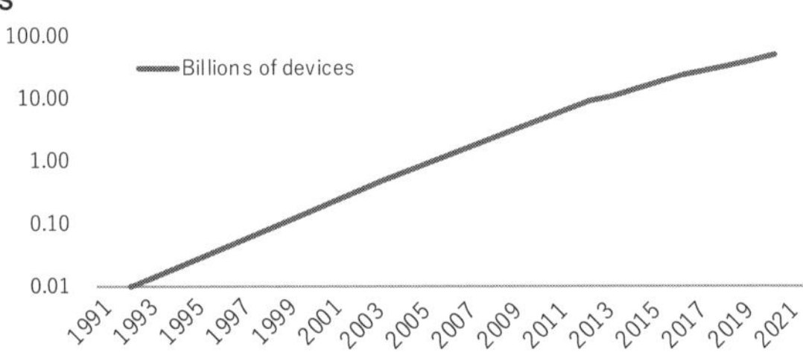

Amount of data created, consumed, and stored 2010-2025（Zeta bytes）

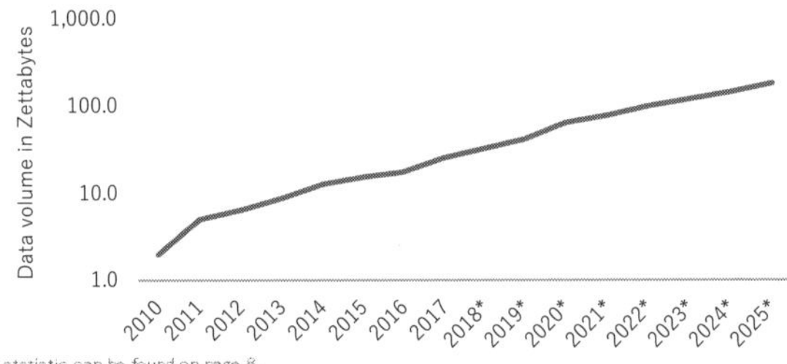

Note(s): Worldwide; 2010 to 2020
Further information regarding this statistic can be found on page 8.
Source(s): IDC; Seagate; Statista estimates; ID 871513

出所：以下からのデータ。Ray Kurzweil. (2005) "Moore' s Law: The Fifth Paradigm." The Singularity Is Near (January 28, 2010).
http://singularity.com/charts/page67.html　参考　TECHNIUM　K・ケリー　Wired 創刊編集長　みすず書房

ツワイルの法則」は、「ムーアの法則」をコンピュータ以外に適用しても成り立つことを示したものです。インテルがムーアの法則をうたい、業界全体をリードすることで、主要プレイヤーであり続けながら、テクノロジーの不連続な進化をむしろ自社の機会と捉えてきたことは、周知のとおりです。

テクノロジーの進化というのは、新たな顧客層の新たなニーズの開拓や問題解決、つまり新たな市場の創造を伴いながら指数関数的に成長を継続してきました。インターネットによってつながり続ける中でも、これまで以上に顧客の問題解決、たとえば天秤にかけていずれかを選択しなければいけなかったトレードオフを解決することで、テクノロジーも進化を加速させていきました。環境やサステイナブルに貢献しながら顧客の応えることも同様に、新たなイノベーションの機会となります（図表1－12）。

さらに、技術的なブレークスルーは、偶発的な場面で起こることもあります。そのために目の前に起きたブレークスルーに対して素早くアクションを起こすことが必要になってきます。それらの準備が整っており、いち早くブレークスルーを取り込めた企業が、次の時代の覇者となります。

図表1-12 不連続なテクノジー進化のS字曲線がつながり、結果的に急速に進化してきた

◆縦軸がテクノロジーの性能、横軸が時間、つまり技術的な改善。
◆いくつかのS字曲線をあわせると、大きな一定して向上する傾向が現れる

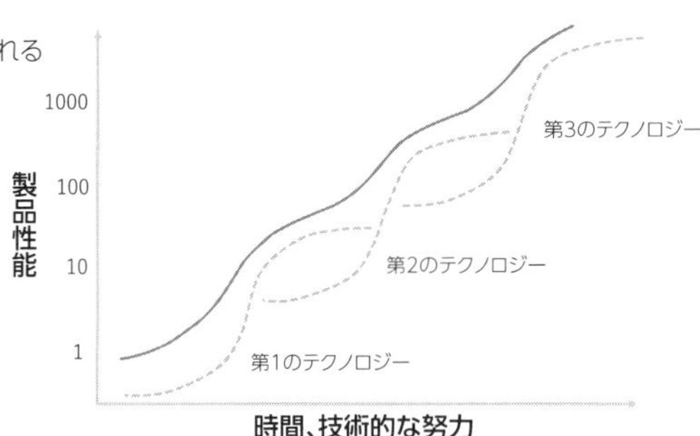

出所：Clayton Christensen. (1997) The Innovator's Dilemma: When New Technologies Cause Great Firms to Fail. Boston: Harvard Business School Press, p. 40.
参考　TECHNIUM K・ケリー　Wired 創刊編集長　みすず書房

この準備のために必要とされる視点をいかに持つことができるかが、本書のテーマであり、著者が「コンポーザブル」と呼ぶものです。コンポーザブルについては第3章以降で詳述しますが、これらのエッセンスは以下のようなものとなります。

- 企業の存在意義に基づき、目的・目標であるミッション・ビジョンを定義する
- 人財が企業の戦略を実践した上で、付加価値を上げていくための価値基準・バリューに戦略を落とし込んでいる
- 上記以外は、すべて再構成・組み換え前提で考える

このようなコンポーザブルな視点でビジネスを捉えるマインドや経営感覚を持つことが、ブレークスルーの取り込みを実現する上で重要です。

今から約100年前の1928年、スコットランドの学者アレクサンダー・フレミングによって、世界初の抗生物質ペニシリンが発見されました。これはその後の各種抗生物質の開発につながり、フレミングはその後、ノーベル医学賞をとっています。彼はペニシリンを含むカビが細胞の増殖を抑え、副作用がないことまで明らかにしました。しかし、単離生成や、細菌感染症への効果検証は実施していませんでした。つまり、抗生物質の科学的な体系化、量産など実用化までの必要事項などは整理していなかったのです。そのため、フレミングの発見からしばらくの間、ペニシリンの研究に関する進歩や進捗はありませんでした。そして、その後オックスフォード大学、コロンビア大学の研究者が、ペニシリンの有効性の研究を進めました。

この研究を活用し、アメリカの製薬大手であるファイザーは、第二次世界大戦の時期に、ペニシリンの量産化に取り組みます。当時数百万ドルの資金を投入しています。

ファイザーは別物質の生産方法の活用、既存施設の再活用を含めた生産体制構築によって、短期間でのペニシリンの量産化を実現しました。生産や意思決定などを体系化、標準化を進め、他社にも利用可能なかた

ちで量産化を実現させたのです。この再構成可能な取り組みにより、関係分野の進化も進んだと言えるでしょう。

こうして、実際にペニシリンが活用されます。第二次世界大戦において連合軍が使用したペニシリンの約半数をファイザーが生産したと言われています。1944年のノルマンディー上陸作戦時には、作戦に参加した兵士の約9割がファイザー社製のペニシリンを保有していたとの記録が残っているなど、このタイミングでの量産化の実現により、多くの人々の命を救ったのです。そして、ペニシリンの事例は、その後のファイザーの企業としての成長・成功につながっています。ファイザーは、新型コロナウイルスワクチンをはじめとする、様々な最新の医療サービスをグローバルに提供し、世界屈指の製薬メーカーとして存在感を発揮しています。

ファイザーのアルバート・ブーラCEOは、『ハーバードビジネスレビュー』のインタビューで、新型コロナウイルスに対するワクチンの成功について、以下のように述べています。

・成功はチームワークの結果
・投資リターンを一切考えず、企業としてのミッションに応えることに集中することにある
・そのミッションを果たすため、チームを従来の事務作業から切り離す
・巨大な目標を掲げたときは、それを実現するために必要な「従来の常識を破る考え方」をするよう働きかける。4から6つの従来にない解決策を準備し、それを迅速に試しながら進める
・研究、サプライ、これらを支えるシステムの準備まで、ミッションを再確認しながら進め、CEOである本人が深くコミットする

これらのエッセンスは、変化を機会に変えていくために参考となるだけでなく、ファイザー社の柔軟さを可能にするコンポーザブルな機能、組織、システムが背景にあることも想像させてくれます。

アマゾンの顧客ファーストとコンポーザブル

コンポーザブルについて、アマゾンを例に説明したいと思います。アマゾンは自社のビジョンとして、「地球上で最もお客様を大切にする企業である」ことを挙げています。

そして4つのプリンシプルを企業の指針としています。

- 競合会社ではなく、お客様を起点として考えること
- 創造への情熱
- 優れた運営へのこだわり
- 長期的な発想

アマゾンはグローバルの共通事項として「全員がリーダーである」という考え方で、16のリーダーシップ・プリンシプルを挙げています。その中では「顧客を起点にして考え、従業員は自立してイノベーションと創造に挑み、学ぶための好奇心を持ち、大胆な方法でスピードを持って計算されたリスクに挑むこと」「傾聴を通して高い結果に挑むこと」「謙虚に社会、地球、未来の世代に努力し続けること」などを提唱しています。

さらに顧客体験のプラットフォーム、エコシステムの支援とバリューチェーンの統合、キャッシュのマネジメントを将来への投資として振り向けながら、成長を続けています。

それの端的な例として、2002年頃にアマゾンの創業者であるジェフ・ベゾス氏が開発チームに発した"Bezos Mandate（ベゾスの勅令）"が挙げられます。これは、データとデバイス機能の連携、より具体的には、API（Application Programming Interface）の標準を徹底するために出されたものです。この考え方は、本書のテーマである「再構成・組み換えを続け、最も重要な価値を継承し続けることが、ビジネスモデルの成長を導くことにつながる」ことへの具現化に大きく関係します。これらを要約すると、以下の4点となります。

- 社内外を問わず、必要なデータや機能へのアクセスには、必ずAPIを用意する
- APIは、全世界公開することを前提として設計しておく。社内のものでも、外部に公開するのと同様に準備をしておく（補足：これは企業内のやりとりが変わり得ることを想定していると考えられます）
- APIという標準を用意することが重要で、その実装技術は問わない
- 一切例外はない（守らないと誰であっても解雇と記載されています）

このようにAPIを標準に用意することにより、社内・社外のデータや機能へのアクセスを、迅速かつ柔軟に行うことができます。アクセスの手順があらかじめ決められているからです。そして、社内の仕組みであっても、公開しても問題がないようにセキュリティなどの対応をしておくことが必須となります。これで社内の仕組みを外部にサービスする場合においても迅速に対応することができるのです。そして、この標準の徹底に"解雇"という表現を使うことで、強い意思が示され、文字どおり例外のない標準として実践されるのです。

これらにより、アマゾンはいつでも社内の仕組みを外部に対して公開可能にするだけでなく、同時に外部に対して機能をすぐ利用可能としました。このようにしたことで、後のAWS（Amazon Web Services）などのビジネスが迅速に具体化されたのです。そして、今、世界で「APIエコノミー」と呼ばれている、「外部の機能を自在に活用してビジネスモデルを再構成・組み換えできる」という前提につながっています。アマゾンや多くの企業が挑戦と失敗、ビジネスモデルの再構成を繰り返して成長し続けることが可能になった事例の一つであり、コンポーザブルな進め方を支える源泉にもなっています。前述したファイザーが、ごく短期に世界にワクチンを供給した仕組みにも、APIは広く活用されています。

20年前から、アマゾンはビジネスモデル、業務機能、働き方、テクノロジー、システム、データを再構成し、組み換え続け、顧客に貢献することで、企業として成長し続けられることを想定していたと考えられ

ます。そのために、前述のAPIや標準を徹底させるといった企業が直面する問題に対する根本的な解決策を考えて実践し続けてきました。私たちはこのことを学ぶべきであると考えます。

すべては、顧客にとっての価値から見直されます。体験が価値になり、その体験は顧客である人の視点で広がります。付加価値創出の機会です。そして、過去20年、その広がりを捉えるビジネスモデルが構築されてきたことで、他の企業が同様の取り組みをするための条件がそろってきたとも言えます。まさに、多くの企業に成長を加速するタイミングが到来したと言えるのではないでしょうか。

次章で、付加価値の源泉となる顧客体験の見直しと、その継続的な更新、さらにその先にあることについて述べていきます。一方、付加価値を創っていくバリューチェーンについても、オンライン・オフラインが一体となった有形・無形の新たな資産の活用が進んでいます。図表1－13は製造業での例示です。企業や機能を横断して新たなバリューチェーンを再構成する必要性に、各企業は直面しつつあると思います。

たとえば、5G（第5世代移動通信）による超高速・超低遅延、多数

図表1-13 **あらゆるプロセスがつながり、機能・企業横断でこそ価値が発揮される**

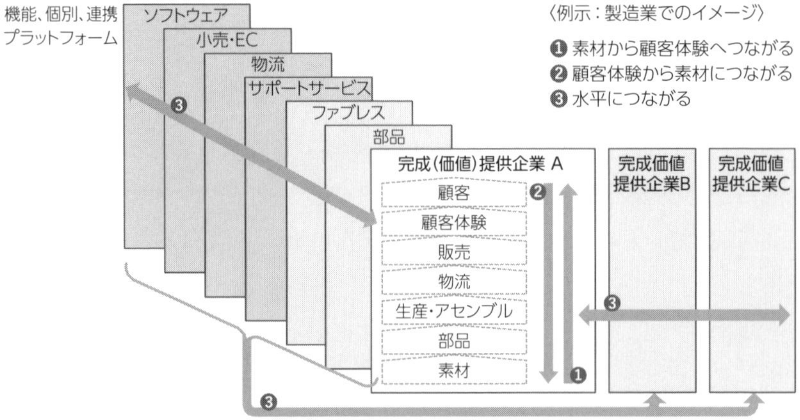

同時接続で、工場内などでリアルタイムに近いデータの蓄積とデータのフィードバックが可能になり、この活用が進んでいます。

ドイツのフォルクスワーゲンは、122ある工場において稼働する生産システム、異なるメーカーの異なる装置を「フォルクスワーゲン インダストリアルクラウド」として接続しています。そしてこの工場では、独自のローカル5Gネットワークが構築され、自動運転の輸送システム、物流ロボット、モバイルデバイスの機器・システムがリアルタイムに相互通信する仕組みが構築されています。予防保守や効率的運営をバリューチェーン一貫で共有し、多数のサプライヤーが協業していくことを目指しています。

中国の家電メーカー・ハイアールは、顧客に対するマスカスタマイゼーションのプラットフォーム「COSMOPlat」において、顧客の要望に対応した柔軟な工程制御をするために、5G活用を進めています。仮想のシミュレーション、デジタルツインで最適化を図った上で、設備配置と稼働の実現を進めているのです。実際に稼働する製品をつなぎ続け、予防保全などと組み合わせたビジネスでは、工場のマスカスタマイゼーションからユーザーの利用体験までが一つにつながっています。

新たなテクノロジーの活用の準備も進んでいます。具体的には、クラウド、5G、ブロックチェーン、XR（AR、VRなど）、IoT、AIの組み合わせです。ビジネスで付加価値を生むこととセットでこそ、技術革新が進みます。また、今は社会の継続的な価値への貢献と経済価値を同時に具体化することが必要とされています。このような「従来トレードオフだったことの解決に次の機会がある」と多くのグローバル企業が考えているのではないでしょうか。そのために新たなテクノロジー、デジタルを梃子にした新たなビジネスモデルが取り組まれています。

まず、顧客のトレードオフを解決し、顧客体験のジャーニーをつなげていくことに機会が広がります。大切なのは、それらのプラットフォームと価値づくりのバリューチェーンのエコシステム、機能の組み合わせを再構成し、組み換え続けながら、私たちが目指すべき価値を継承していくというコンポーザブルな進め方を行うことであると考えています。

Column ①

5G の現在地と
Beyond 5G「0.5 秒先を予見する」世界とは

NEC 新事業推進本部
本部長
新井智也

NEC システムプラットフォーム研究所
主幹研究員
下西英之

5Gの現在地と日本のケイパビリティ

Q 5G によって、何が変わろうとしているのでしょうか。

下西：5G 以前の無線通信技術は、人と人とのコミュニケーションが基本的な用途でした。一方、5G はモノとのコミュニケーションに威力を発揮し、産業に大きく貢献する技術です。たとえば、建機を遠隔制御したり、自動運転車にリアルタイムの交通情報を届けたりするための技術として期待されています。

新井：日本では労働人口が減ると同時に、熟練した匠（たくみ）も減っています。高精細な動画の共有や、遅延のない指示や遠隔操作を可能にする 5G は、時間や空間の制約から人を解放し、人財不足や地域格差といった課題解消に貢献するでしょう。さらに新型コロナウイルス感染拡大により全国各地の現場を飛び回ることが困難になっている現在、5Gは一層欠かせない技術となっています。私たちがご支援する企業においては、5Gが中長期的な競争力の源泉になると考えて取り組んでおり、技術的な理解も相当に深まっています。課題先進国である日本は、5Gの社会実装において世界をリードしていくことができるはずです。

また、「5GがDXに必要な要素」との認識も、かなり浸透してきているという実感があります。ユースケース（利用者があるシステムを用いて特定の目的を達するまでの、双方の間のやり取りを明確に定義したもの）の実証も着実に増えていますし、実証のフィールドはラボ（研究所）を出て、工場や建設の現場に移っています。浸透のステージが変わってきているのは間違いありません。

産業イノベーションの起爆剤としての「ローカル5G」

Q さらなる5Gの普及、そして産業の発展には何が必要でしょうか。

下西：企業や自治体が構築するローカル5Gが、産業イノベーションの起爆剤になるでしょう。

新井：携帯電話で使用する電波は本来、通信事業者のみが扱える公共財です。ローカル5Gは、地域限定とはいえ一般企業や自治体が特定の電波を占有できる、今までにない画期的な制度です。イノベーションの土台として5Gを利用する機会が増え、ユースケースが飛躍的に進化することで、5Gの社会実装が進むものと期待されます。

また、ローカル5Gは電波が混み合うことがほとんどなく、他のエリアにおける障害の影響も受けにくいため、5Gの特徴とされる「超高速」「超低遅延」「多数同時接続」に加えて、「安定性」「安全性」といった産業用途の可能性を拡げる特徴も備えています。
　スマートフォンというプラットフォームができてからイノベーションが起きたのと同様に、先に5Gのインフラが整うことによって、イノベーションが活性化する可能性もあると考えています。
　しかし、一般企業が基地局の設置や運用を行うには、技術や初期投資というハードルが存在しているのも事実です。そこで「NEC Smart Connectivity」では、ローカル5Gに関するコンサルティングサービス、インテグレーションサービス、マネージドサービスを提供しています。このうちマネージドサービスでは、コアネットワーク、基地局をはじめとする5Gシステムを構成する機器と保守サービスをセットにし、月額料金で提供するメニューを用意して「5Gの民主化」に取り組んでいます。

Q　イノベーションやDXを語るとき、AI（人工知能）が欠かせない存在となっています。AIは5Gにも影響を及ぼすのでしょうか。

下西：重要な視点です。これまで通信技術は単体で考えられることが多かったのですが、これからは特にAIとの融合が重要です。AIが頭脳だとすれば、ネットワークは神経網に当たります。AIはネットワークによって進化するし、ネットワークもAIによって運用効率化や性能向上といった進化を遂げる。NECでは、AIとネットワークがともに影響しながら進化していく「共進化」に取り組んでいます。5Gの次世代になるBeyond 5Gでは、それらがより具体的になっていくでしょう。

AIとネットワークの共進化で、0.5秒先が予見可能になる？

Q　NECが考えるBeyond 5Gの姿は、どのようなものでしょうか。

下西：まるでSFのような世界が現実のものになります。0.5秒先の世界が見えるようになる……それが2030年における1つのビジョンです。世界中のカメラやセンサーがつながり、そこから集められたデータをもとに、膨大なコンピューティング・リソースやAIで処理することで、仮想の地球をつくり瞬時にシミュレーションができるようになる。その結果、0.5秒先を予見できるようになるでしょう。

0.5秒先の世界がわかれば、ネットワークを経由して自動車や建機、ロボットなどをより安全で効率的に制御できるようになり、人と機械が一体となって共存・協働できる社会を実現することができます。

新井：5Gは「産業用のネットワーク」という側面が強いですが、今後は、より人間中心に、よりサスティナビリティを重視した世の中になっていくでしょう。そして扱われるデータは、機器から生み出されるものだけでなく、人の表情や感情の機微も含まれるようになります。このことから、Beyond 5Gは、人の感情や五感を伝え、共感によって新しい価値を生んでいくインフラになっていくものと考えられます。

Q　Beyond 5Gの実現に向けて、どのような取り組みが重要でしょうか。

下西：先ほどお話しした「共進化」が高度化しなければなりません。

新井：AIは現在のようにクラウド側で集中的に処理されるものではなくなります。手元のスマートフォンを含む、あらゆるデバイスで分散処理され、ネットワークを通じて束ねられるようになります。

下西：そして技術だけでなく、いかに多彩な関係者を巻き込んだ議論を進められるかが重要です。Beyond 5Gでは、ベンチャーも含めた新しい技術を持っている企業、大学をはじめとする研究機関、そして利用者を交えて、10年先に生きる人たちの生活を考えることが求められています。

新井：NEC としてもお客様やパートナーとのユースケースづくりを進め、「共進化」しながら社会実装を推進していきたいと考えています。

第２章

これからの価値源泉は「顧客の体験進化（トレードオフ解決）」にある

2−1　顧客体験のトレードオフ解決、期待値を超え続ける

我慢はどんどん小さく、体験の発見・驚き・感動はどんどん大きくなる

社会の発展やテクノロジーの進歩により、これまで我慢していたことを我慢する必要がなくなりました。ビジネス的な表現をすれば、「何かをなし得るために、何かを犠牲にする」というトレードオフの思考は必要なくなり、あらゆる価値を提供できるトレードオン的な時代になったと言えるでしょう。

B.J.パインとJ.H.ギルモアは、1997年に執筆した『経験経済』の中で、アメリカの一般的な家庭のパーティーの変遷を例に、このことを説明しています。

1960年代、家庭では原材料からケーキを焼いてパーティーに備えていました。1970年代にはP&Gのハインズブランドのケーキミックスになり、1980年代にはケーキは専門店に電話でデコレーションの種類を伝え、メッセージとデザインだけをカスタマイズするようになりました。このように、パーティーのホストは、自由になった時間でパーティーを盛り上げるための計画と実行、体験を楽しむようになったわけです。

これが現在であれば、パーティーの様子をライブ動画でアップすることにより、新しい出会いにつながったり、レシピのインフルエンサーになったり、Instagramで人気を集めたりするなど、様々な体験と発見・驚きが継続して、価値を生み出していくことになるのでしょう。そのわくわくするような発見や驚きが続かなければ、パーティーは盛り上がりません。また、記憶に残る体験にこそ価値があり、そこに時間とお金をかけるようになり、それに対応したサービスもまた進化してきた経緯があります。

かつてはパーティーのホストにとって、原材料からつくった自家製ケーキに手間暇をかけることと、パーティーを楽しむために必要な時間

とは、トレードオフの関係でした。

ここでのホストにとっての満足とは、「パーティーの参加者の期待をどれくらい超えたか」、かつ「手間暇を期待値より少なくできたか」ではなかったでしょうか。参加者の期待の観点では、参加者が期待していたうれしさを超え、想定外だけれども参加者にぴったりでパーソナライズされたパーティーの仕掛けで発見・驚きもある体験をいかに演出できたかでしょう。また、手間暇の観点で行けば、待つ時間も煩わしい作業も最小化され、次のパーティーにおいても、参加者の期待をさらに超えるような体験が提供されるかでしょう。このようなことが、インターネットでつながる世界で今、多くの人が実感し、期待していることではないでしょうか。

つまり、こういった顧客の期待を超える体験にこそ、ビジネスの機会が存在しているはずです。そして人々の一つひとつの体験である「ケーキの原材料を買ってくる」「ケーキをつくる」「ケーキを選ぶ」「ケーキを買う」「メッセージとデザインをカスタマイズする」「パーティーを計画する」「実際の盛り上がりと失敗を体験する」といったプロセスを客観的に分析することができれば、「どのようにすれば付加価値を生み出せるか」という次の打ち手の、仮説が見えてくるはずです。

このように、期待を超える顧客の体験を提供し続け、顧客のストレスを最小化することに成功している企業について考えてみたいと思います。

顧客・サプライヤーに価値を提供し続けるアマゾンのビジネスモデル

第１章でも触れましたが、アマゾンのビジョンは「地球上で最もお客様を大切にする企業であること」です。さらに「顧客をその人にとっての宇宙の中心に置いて考える」ことこそが、パーソナライズであると言っています。だからこそ、アマゾンは顧客の声を聞き、パーソナライズされた価値を発明しているのです。同社は企業としての４つのプリンシプル、ビジョン、さらに価値基準・行動指針となる16のリーダーシップ・

プリンシプルを徹底して実行しています。

図表2－1は、創業初期のベゾス氏の構想に追記したものです（出典:amazon.com）。

「品揃えの豊富さ」と「価格の安さ」。この2つの顧客体験こそが、アマゾンの初期におけるビジネスモデルのベースになっています。同時に、2つの基本的なビジネス構造が存在します。

1つ目は、アマゾンのサービスにおける、顧客体験を提供するプラットフォームのサイクルです。まず、素晴らしい顧客体験を提供することで、顧客が増えていきます(トラフィック)。すると、サプライヤーにとってアマゾンのプラットフォームに対する魅力が高まり、多くのサプライヤーが集まり、品ぞろえ（セレクション）が充実していきます。品ぞろえの豊富さは、顧客体験の満足度をさらに高めます。アマゾンのプラットフォームは、顧客にとっては体験の楽しむためのプラットフォームであり、サプライヤーにとって商品を提供するためのプラットフォームでもあります。

2つ目は、顧客が手にする商品が届けられるバリューチェーンのサイ

図表2-1　ジェフ・ベゾス　アマゾンのビジネスモデル

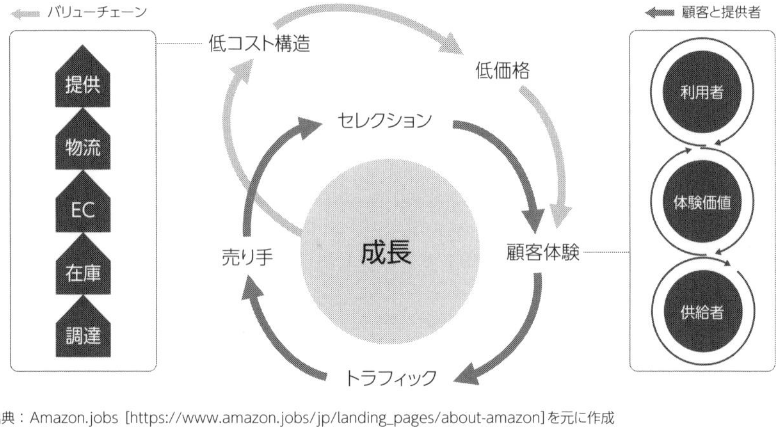

出典：Amazon.jobs［https://www.amazon.jobs/jp/landing_pages/about-amazon］を元に作成

クルです。EC（電子商取引）では、配送や物流の設備、情報システムなどの固定費用に対するスケールメリットが働きます。バリューチェーンにおける情報連携、デジタル連携が向上することで、商品が届くスピード、タイミングをコントロールすることができるため、サイトの精度が向上し、EC体験をより心地よくさせることができるのです。

顧客にとっては、「安さと品ぞろえから欲しいものが見つかる」「手間がかからない」といった従来型の物理的な店舗の仕組みでは、トレードオフになってしまうという問題点が解決され、さらにこの体験の向上を継続させることが可能になります。アマゾンにおいて取り扱う品目は、モノだけでなく、生鮮食料品、映画、音楽などへどんどん拡大しています。プライムサービスの場合には、会員価格がサブスクリプションで固定されているので、顧客の期待値が上がり続けたとしても、提供される商品・サービスを増やし続けることで、第1章で述べたWTPを維持し続けることが可能になります。

同時に、顧客体験が高まることで顧客数と利用者数が増えていくため、サプライヤーのWTS、つまり「ここで売りたい」という動機を高め、納入する際の値段が低くても多数のサプライヤーが集まります。そして品ぞろえが増えることで、顧客にとっての選択肢が増えるのです。つまり、これらに比例してWTPが向上する機会が増えていくことを示しています。

アマゾンは創業時にECを開始した際、書籍の返品率を4%にしました。当時アメリカの出版業界における返品率は40%以上でしたので、出版社というサプライヤーに対しても「価値の提供」という意味で貢献していたと言えます。

アマゾンでは、なぜこのような価値を、顧客やサプライヤーに届けることができているのでしょうか。そして、なぜ現在まで成長し続けているのでしょうか。

アマゾンにおける顧客中心の考えとこだわりを語ったミッション・ビジョンと、これに基づくリーダーシップ・プリンシプルが徹底されているということが言えます。これに基づくアマゾンの各事業や機能における担当者のリーダーが、自立して顧客への価値提供にカニバリゼーション（自社商品同士で売上を奪い合う状態）をいとわずに挑戦しています。

では、自立した多数の取り組みは、どのようにしてグローバルの環境でスケールすることができたのでしょうか。

以下の3つの取り組みが重要であると筆者は考えています。

1つ目は、第1章で述べた2002年の「Bezos Mandate」で示されたAPI標準の徹底です。

2つ目は、「ID活用・標準の徹底」です。各商品のIDに関して、アマゾンは商品を出品する際にバーコードを入力することで、サプライヤーにとって多くの価値を提供しています。

3つ目は、「行動に基づく受益者へのフィードバック（顧客、サプライヤー両方）」です。いずれも受益者それぞれの行動のデータ分析をアマゾンは行っています。これは、前記の標準徹底に基づき、かつ顧客ファーストの行動指針の徹底を体現したものです。アマゾンの分析ツールを使えば、誰もが分析作業に取り組むことができます。

以下、それぞれについて説明していきます。

（1）API標準の徹底

「Bezos Mandate」については先にも述べましたが、ポイントをシンプルにまとめると、次のようになります。

- 社内外向けを問わず、必要なデータや機能へのアクセスに必ずAPIを用意する
- チーム間のコミュニケーションは、API
- APIに使う技術は規定しない
- そのAPIは、全世界公開することを前提として設計しておくこと
- 例外はない

顧客視点に立って自立・自律して行動する会社にあって、APIの標準の徹底を行ったことが、アマゾンがそれ以降のデジタル進化でビジネスの成長を加速させた原動力の１つだと考えます。

（2）ID活用・標準の徹底

初期のアマゾンマーケットプレイスへの参加者には、マーケットプレイスへの登録作業がやや手間だったかもしれませんが、アマゾンはそれに余りある利便性を提供しています。たとえば、家電製品を売っているサプライチェーンが、ある家電製品のIDを入力したとします。具体的には、日本のIDであるJANコードです。グローバルな販売を計画している場合には、海外の同様規格であるEANコードやUPCコードなどとなります。

すると、コードを入力しただけで、同様の商品を売っているサプライヤーが、どこの地域にどれくらい存在するか、さらに各サプライヤーの売上状況を知ることもできます。

それだけではありません。類似商品の売上、それがどのような商品とセットで売れているのかといった情報を、アマゾン側からサプライヤーに提供する仕組みが整っているのです。サプライヤーにとってのビジネス機会の提案の例は、次のとおりです。

- 売れ筋商品と類似した商品の出品提案
- 海外への出品が容易（日本と同一の管理ページ）
- 販売状況と在庫数の確認・提案（現在の販売状況を分析し在庫が足りなくなると判断した場合は提案。これは下記FBAを使っていなくても実施されています）
- FBA（Fulfillment by Amazon）で在庫保管、発送、返品、返金まで仕組みそのものをサービスとして提供

このような仕組みは結果として、最終顧客への価値にもつながります。掲載した商品が相場とあまりに乖離した価格設定であった場合、売れな

いことが事前にわかるためです。サプライヤーは出品をあきらめるか、あるいは価格を下げてライバルと競うか、いずれかの選択をすることになります。

つまり、サプライヤー同士が競争する環境が生まれることで、品質も価格も相場からずれているサプライヤーは、自然淘汰される環境が構築されているのです。

まだあります。「ショップで商品を販売する」というスタイルではなく、まずは商品があり、「商品をどこのショップから購入するのか」というUI／UX構成となっています。そのため、必然的に同じ商品を売っているサプライヤー同士が、同じページ上でライバルとなり、顧客に表示されます。

表示される内容は、価格だけではありません。これまでの販売実績、配送までの日数、顧客からの評価なども表示されます。その上で、評価の高いサプライヤーがトップに表示される仕組みとなっています。

トップに表示されたサプライヤーは、他のサプライヤーよりも売上が数倍から数十倍違うと言われています。そのためサプライヤーは、金額を安くすることだけでなく、顧客からの評価にも気を配る必要があります。

サイト上でこのような仕組みが構築されているため、サプライヤーはより良い製品を揃え、安価で提供し、迅速かつ正確に顧客に配送することができます。これらを実践した優良サプライヤーは、アマゾンのサプライヤー向けのプラットフォームを活用することにより、グローバルな展開を進めることもできます。あるいは、さらなる優良サプライヤーが参入してくることで、顧客はより良い商品を購入できるだけでなく、サポートの際でも、より良い価値を体験することができます。

アマゾンのID標準化の仕組みを活用し大きく成長したサプライヤーがあります。たとえば、モバイルバッテリーやiPhoneまわりの充電ケーブルなど高品質かつリーズナブルなオリジナル製品を次々と展開している中国の深圳にある企業Ankerです。さらに、Ankerのように優良なサプライヤーを買収して成長するといった、アマゾン市場を活用して成長する企業も急速に伸びています。

そして、アマゾンへ出品することの閾値（しきいち）は、どんどん下がっています。「Helium 10」というサブスクリプションサービスでは、アマゾンでの売れ筋発見から、調達、出品、維持向上していくためのツールがそろっています。その売れ筋を製造してくれる会社は、たとえばアリババのような中国のｅコマースサービスで複数の候補を探し、その中から選択します。アマゾンにサプライヤーとしてデビューしていく段取りがオンラインでできてしまいます。誰もがアマゾンを利用してビジネスを開始できるようになりました。そのアマゾン市場での淘汰と成長の中で、人々の創造性の発揮の場が広がり、アマゾンは補完効果を生むサプライヤーを追加、顧客は新たな発見を享受し続けています。

（3）行動に基づく受益者へのフィードバック

３つ目のポイントである行動に基づく受益者へのフィードバックは、サプライヤーへの価値で触れた、データをもとにした分析・レコメンデーションです。

サプライヤーに関しては、先述したとおりです。これまでは自分たちで行っていたマーケティングをアマゾンが一手に引き受けてくれるので、サプライヤーとしては、売れ筋商品をスピーディーに仕入れ、相場にマッチした価格で販売することに集中することができます。配送やアフターケアなどもアマゾンが行ってくれます。このように本来、小売事業者が注力すべき業務に自社の資源を集中することができるというメリットが大きいのです。

一方で、顧客に対しても、購入を検討していた商品が実際にどうかを知ることができます。判断材料という価値をアマゾンが提供してくれるため、新たな気づきと体験を得ることができます。場合によっては、別のより良い商品を発見してくれるという、まさに価値のアップデートも実現されているからです。

さらにアマゾンは、UI ／ UX をより良くするために、バナーの位置やテキストの大きさなどの最適化を AB テストで徹底的に行っています。

このような取り組みの結果、アマゾンに行けば、単に商品を購入するだけではなく、まさに多くの体験をすることができるのです。この体験こそが顧客の求めているものであり、魅力ある体験を日々アップデートしているからこそ、アマゾンは顧客から支持され続けているのです。

そのアマゾンが提供する顧客体験価値の代表的存在は、購入・検索履歴などからおすすめ商品を提示するレコメンデーション機能でしょう。この機能を開発したアマゾンの元エンジニア、グレッグ・リンデン氏がいます。彼が、ABテストを繰り返した結果、ある興味深い法則を発見していますので補足します。

それは「ECにおいて表示速度が0.1秒遅れると、売上が1%ほど減少する」というものです（図表２－２）。この法則は、単にECで注文ができるだけでなく、ユーザーの我慢の限界値に応えることも大事であることを示しています。

アマゾンを訪れたユーザーは、「より多くの商品をスピーディーに見たい。レコメンデーションやレビューなどの体験も、より多く、同じくスピーディーに体験したい」と考えて行動していることが、データで示

図表2-2 **アマゾン：0.1秒表示が遅れると、売上が1%下がる**

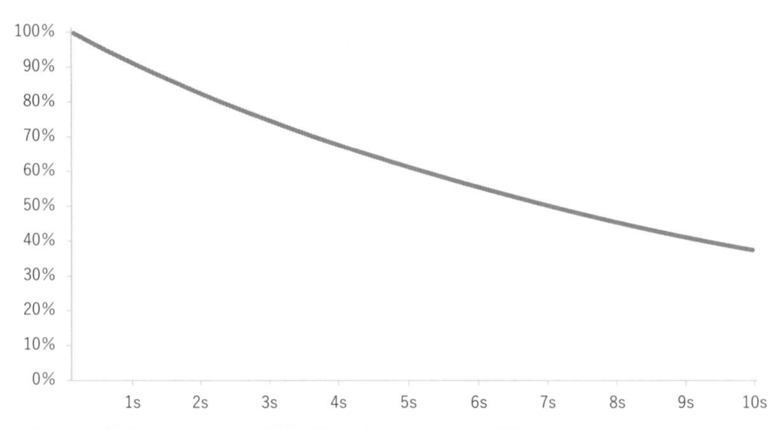

出典：http://glinden.blogspot.com/2006/11/marissa-mayer-at-web-20.html

されたわけです。

アマゾンではこのようなデータを取得し、分析し、実践で検証できるということ、さらにそのデータ結果に基づいて意思決定がなされていることも、この事例が示しています。

基盤に乗ってくるデータに関しても、アマゾンにおけるID活用のように、統合・統一させたものであることが重要です。このような点に意識してビジネスやサービスを構築することで、すべての企業や顧客が求めている価値のアップデートにも対応できるのではないでしょうか。

2-2 付加価値とビジネスモデル

付加価値とは？　WTPと戦略としての価格、サプライヤーのコストとWTS

図表２－３は、第１章で説明したWTP、WTS における付加価値の図です。

WTP － WTS は企業が創出する価値です。固定ではなく、増減します。企業に関わるエコシステム全体で創出する価値全体とも言えます。WTP と価格の差が、消費者にとってのお得感であり、消費者余剰です。コストと WTS の差が、供給者にとっての価値です。

つながり続ける世界で付加価値を上げている企業は、WTP と価格の差、価格とコストの差、そしてサプライヤーにとっての価値をそれぞれアップデートし続けていく必要があります。

アマゾンは、顧客体験のプラットフォームでこの両面に応えていることがわかります。顧客へは、EC での快適な選択、パーソナライズされ

図表2-3 企業が創る価値全体、付加価値と、顧客体験プラットフォーム・価値のバリューチェーン

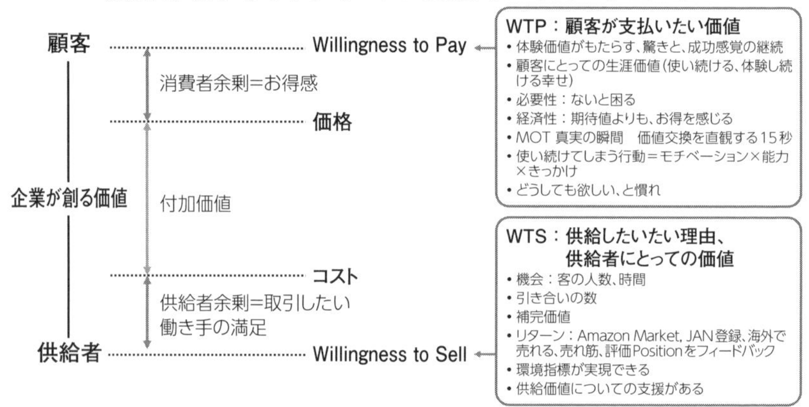

出典：Felix Oberhoizer-Gee, Harvard Business School, Better Simpler Strategy 2021

たレコメンド、配達時間も選べる体験、さらに映像・音楽・その他の体験価値を一括したサブスクリプション、つまり定額サービスをこのプラットフォームで提供しています。同時にサプライヤー向けには、売るべき商品のレコメンド、FBA（Fulfillment by Amazon）のサービスを使うことで、在庫の実務、管理、調達の支援まで、データ分析とデジタルを駆使して支援しています。顧客体験のプラットフォームであるEC、ECを実践するバリューチェーンの仕組みである倉庫やそのマネジメントのプラットフォームという両方で、受益者の利用体験に貢献しているのです。その結果、顧客は利用を増やし、プライムの会員として他のサービスの利用を増やし、トータルでの利用者数が増えていっているのです。

その一方で、サプライヤーは、提案する商品を増やし、自社の商圏をグローバルに拡大しています。さらに顧客数が多いことによるメリットで、ネットワーク効果の価値が生まれます。もちろん、サプライヤーの中での競争もあり、提案力が弱いと価格を下げるなどのプレッシャーはかかりますが、前述のAnkerをはじめアマゾン市場で成長するサプライヤーやその優良サプライヤーを買収するなどして、成長を目指す企業も出てきています。

「ネットワーク効果」と「補完」という、つながる世界の特徴をうまく生かし、付加価値にしています。これをアマゾンはコンポーザブルなアプローチの徹底として行っているのです。これに関しては後述します。

WTPを高めるヤンマー、John Deere、コマツのビジネスモデル

先ほどのアマゾンの例では、顧客の体験とサプライヤーの体験が、エコシステムとして進化する仕組みについて説明しました。

一方で、価値のあるサービスの場合は、つながりによる効果で情報が伝播していきます。そのため、まず一人ひとりの顧客が使い続けてくれる価値を創出するということと、その継続に注力するアプローチも重要です。例をいくつか見ていきましょう。

（1）ヤンマー

「継続的に価値を提供し続けることでWTPを高める」という取り組みにおいて、ヤンマーが掲げる「LCV（Life Cycle Value）」という考えは参考になります。

LCVは「顧客にとっての生涯価値の最大化」という意味です。農機メーカーのイメージが強い同社ですが、船舶のエンジンも手がけており、ここで紹介するのは同事業における取り組みです。

船舶エンジンの寿命は25～30年と言われています。当然、その間には消耗品の交換や定期的なメンテナンス、トラブル発生時の対応など、様々なアフターケアが必要となります。

ヤンマーは船舶エンジンの寿命を「ライフサイクル」と位置づけ、25～30年の中でいかにして継続的に、トータルで顧客に価値を提供できるかに注目し、2005年からこのLCVを掲げて取り組んでいます。

単に顧客に部品やメンテナンスを提供するのではなく、アフターケアがもたらす価値にフォーカスするのがポイントです。ここで言う価値とは、顧客である船舶エンジンの使い手やオーナーにとって、エンジンの一生涯でどのくらい価値を享受できるかどうかです。故障の発生を最小化させ、グローバルにメンテナンスの拠点を設けるだけではなく、顧客の省力化に注力しているのです。この取り組みを行う際、ヤンマーは企画構想の段階から顧客に参画してもらい、試作機の制作前に船上で実際の使われ方に関する試験を実施できるようにプロセスの改革を行ったそうです。これにより、顧客にとってはこれまでネックであった、エンジントラブルで発生した各種トレードオフをヤンマーは解決しました。

さらに、顧客とのつながりの活用も実施しています。エンジンを販売後の年数や稼働状況といったデータを把握し、分析することで、メンテナンス時期はもちろん、交換時期を迎える消耗部品を事前に手配するなどのサービスを、グローバルに展開しています。

このようなLCVを提供することで、ヤンマーは顧客からのWTPを高めるだけでなく、実際の利益の大半もアフターサービスから得る仕組みに変えたのです。

（2）John Deere（ジョン・ディア）

アメリカの農業機器メーカー John Deere は、顧客農家の農業ビジネスの支援として、天候、水のやり方、作物配置の最適化、機器稼働のデータをつなぎ、農業の作業を天候や作物の状況に合わせて最適化することだけでなく、作物の市況に合わせて、どのようにビジネスを進めるかという支援まで行っています。顧客の農業ビジネスのジャーニーを顧客の立場での生涯価値（ヤンマーでいう LCV）を最大化させる視点で、データを活用しています。これは、センサーから取得されるデータをアマゾン同様に標準の構造（コンポーザブル）を使ってつなぎ続けているため具現化できたことです。顧客の農家、その農地、作付けの状況、天候、治水状況などを統合させた上で、各農家の各作物のジャーニーに沿って必要なアドバイスを提供し続けています。たとえば、種子の生育の最適化でも、同社の GPS は 2.5cm 四方の分解能を持ち、種子を 5cm の距離で 15cm の深さで等間隔に植えるなどの技術と農業の継続的なデータ分析を組み合わせることで、顧客視点での生産性の最適化支援を目指しています。さらに、同社はこの情報を穀物メジャー、保険などに提供するビジネスとしても展開しています。同社の農業に関するデータ活用の支援は、生産者、農業ビジネスの各プレイヤーそれぞれが、経済価値と社会価値を両立し、付加価値創造できるプラットフォームへ進化し続けています。

（3）コマツ

日本の大手建設機械メーカーであるコマツも、世界中の建設現場や鉱山などで活動している自社の建設機械に各種センサーなどを取り付け、状況を把握し、さらに建築現場の多様なプレイヤーのデータを共有するという、顧客視点の「LANDLOG」サービスを展開しています。

コマツは、ものづくりと技術の革新で新たな価値を創り、人、社会、地球がともに栄える未来を切り拓くことを自社の存在意義として掲げています。そのために「挑戦する」「やりぬく」「共に創る」「誠実に取り組む」

の４つを掲げています。
同社の建設機器に2001年から標準装備されているKOMTRAXは、GPSとエンジンコントローラーやポンプコントローラーから情報を収集し、機器の稼働・休止・燃料残量といった情報を収集し、データを送ることから開始したシステムです。当初はオプションでしたが、これをつけることで盗難が劇的に減少し、盗難保険が安くなるという効果を生み、顧客に対して大きな付加価値をもたらしました。さらに適切なタイミングで顧客にアフターパーツを届け、ムダのない運転法などのフィードバックまで、アフターケアの領域を拡大していきました。一方、建設や鉱山の現場では、顧客への貢献が限られていたことに気づきました。つまり、現場では多数の機器が稼働しており、それら全体を最適化しなければ、本当の意味で顧客にとっての最適な価値の提供になっていないことが多かったのです。本当の意味でのスマートコンストラクションを提供価値とするために、顧客の施工量の見える化、現場そのものへの支援の取り組みを図ったのが「LANDLOG」です。これはオープンなプラットフォームで、同社以外のデータも含めて取り込むことで、3D測量や遠隔作業支援ソリューションなどのパートナーが集まり、現場支援が進んでいます。また、建機の維持に欠かせない保険会社などへのデータ活用も進みつつあります。
大切なのは、「お客様にとっての価値は何であるのか」を、顧客のライフサイクルにまで入って考え、顧客にとって最適なかたちで提供し続けることです。さらにこのモデルは環境負荷の最適化へとつながっています。そして、「LANDLOG」を継続する期間が長ければ長いほど、顧客にとってのWTPは高まり、サービスや企業を手放すことは難しくなると考えられます。継続的につながり続けることで、新たな価値を発見することにもつながる好例ではないでしょうか。

体験の継続と行動——フォッグの行動モデルから考える

ここまで顧客の期待を超え続けることで価値になることの事例を見て

きました。体験を価値に変えるには、顧客が実際に行動を起こし、その行動を継続してもらう必要があります。

ここで参考になるのが、スタンフォード大学のB.J.フォッグ教授の行動モデルです。WTPも顧客が行動を起こしてこそ、がポイントです。言い換えれば、WTPの構造とも言えます。

フォッグ教授によれば、人の行動（Behavior）は、「Motivation（動機）」「Ability（遂行能力）」「Prompt（きっかけ）」の３つで変わるといいます。ちなみにこの３つの要素の頭文字を取って、「B＝MAP」とも称されます（図表２－４）。

この３つは、実際に顧客が何かを購買し利用を体験するという行動を起こす上で必要な要素です。

身近な事例で言えば、ライザップのダイエットコンテンツは、「フォッグの行動モデル」に沿ったサービスと言えます。肥満の人の多くが抱える「痩せたい」という動機に対し、同社は実際にダイエットに成功した人のビフォー・アフターの姿をセンセーショナルに紹介するテレビCMなどを通じて、ダイエットのきっかけを促しています。さらに個々の人の能力に合った目標を設定し、きめ細やかなコミュニケーションで受講者のきっかけをつくり出しています。このように、人の能力ときっかけのバランスの絶妙さにより、WTPが促されています。

Instagramの共同創業者のマイク・クリーガー氏は、実際にフォッグ教授の下で学び、「フォッグの行動モデル」に沿ったサービスとして、Instagramを立ち上げて成功しています。自分らしさや普段の様子を画像で多くの人に知ってもらいたいと人々が思っている、つまりそのモチベーション（動機）が高いのではないかとクリーガー氏らは考えました。そのため、わずか３回のタップで写真をシンプル・簡単に投稿できることに注力しました。利用者は写真を撮り、フィルターで加工し、シェアすることだけです。当時すでに多くの競合他社がありましたが、発表から18カ月でフェイスブックが10億ドルで買収。2018年にはアクティブユーザーが10億人を超えて評価額としては1,000億ドルと、買収価格の100倍を超えました。利用者にとって実行しやすく、物事をシンプ

図表2-4 **顧客の成功を目指す VS 顧客の依存を促す 価値提供**

フォッグの行動モデル

BEHAVIOR = MAP

① **M**otivation 動機　② **A**bility 遂行能力　③ **P**rompt きっかけ

フォッグの行動グリッド

促したい行動の種類によって15通りに場合分けし、行動変容のアプローチを変える

		Dot 一回だけ	Span 一定期間	Path これからずっと
緑	新しい行動を試す			
青	親しみのある行動を行う			重要
紫	行動の頻度などを増やす			
グレー	行動の頻度などを減らす			
黒	行動をやめる			

① Motivation 動機

その行動を「やりたい」という意味

動機を高めるには根源的な「6つの欲求」に訴えかける

感覚	1.喜びを感じたい 2.痛みを避けたい
期待	3.希望を感じたい 4.恐怖を避けたい
集団への所属意識	5.受け入れられたい 6.拒否されたくない

② Ability 遂行能力

その行動を実際に行う能力

遂行能力を高めるには、行動に移すハードルをできる限り下げる

時間	かかる時間を短縮する
お金	かかるお金を減らす
物理的な努力	身体的な負担を減らす
精神的な努力	認知にかかる負荷を減らす 常識・規範に逆らわない
精神的な努力	すでに身についている習慣に組み込む

③ Prompt きっかけ

その行動をとる引き金

動機と遂行能力の高さに合わせて、適切なタイミングできっかけを与える

動機	遂行能力	「きっかけ」の種類
低	高	**スパーク(火花)** 根源的欲求に訴える刺激 (希望・恐怖を煽る動画、テキストなど)
高	低	**ファシリテーター** やり方に関する、丁寧な説明
高	高	**シグナル(信号)** 行動の必要を思い出せるサイン

出典：News Picks『SNS幹部を輩出した「ラボ」で教えられていること』、
BJ・フォッグ著『習慣超大全　スタンフォード行動デザイン研究所の自分を変える方法』(ダイヤモンド社)

ルにする、小さく始めることの重要性を再認識できる事例です。

「フォッグの行動モデル」からわかることは、「いくら高い動機づけがあったとしても、行動を起こすきっかけや遂行能力が伴っていなければ、人は行動を起こさない」ということです（図表２－５）。

腕立て伏せ20回が困難だとすれば、壁を押す腕立て伏せ２回から始めるプログラムから開始するなどです。そして、利用者が少しずつ継続し効果を感じてもらうことで、毎回のきっかけや予定を組み、コミュニケーションをとっていく。そうしながら実装していくのです。だからこそ成果を約束できる仕組みなのです。

ネットワーク効果と補完

つながり続ける世界では、「ネットワーク効果」と「補完」を考えることが重要になります。従来の競争戦略と「ネットワーク効果」と「補完」を使った競争戦略の関係を図表２－６に示しました。

ちなみにネットワーク効果とは、そのネットワークへの参加（利用）者が増えることで、その参加者だけではなく他の参加者にとっても、価

図表2-5　**フォッグの行動モデル**

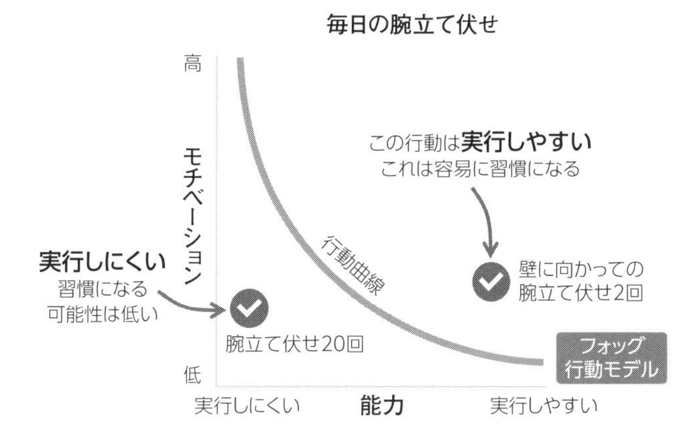

出典：B.J. フォッグ『習慣超大全 スタンフォード行動デザイン研究所の自分を変える方法』の図をもとに作成

値が高まる効果のことをいいます。また、補完とは、互いに組み合わせることで価値が高まるものをいいます。たとえば、ゲームのハード機器とソフト、iPhone とアプリ、アマゾンエコーとアマゾンの EC サービスなども補完関係にあります。

縦軸は顧客です。単一の顧客を対象とするのか、異なる複数の領域の顧客を対象とする（顧客マルチプル）のかで区分されます。

横軸は、提供価値です。こちらも顧客同様に、単一の価値を提供するのか、異なる領域の価値を提供（提供価値マルチプル）するのかで区分されます。

アマゾンが強い理由は、図表２－６右上の象限に位置し、ネットワーク効果と補完の両方を強力に実践しているからです。この位置であれば、WTP を高め、お得感を維持・強化し続け、顧客の規模によってサプライヤーの WTS を集めることが可能になります。

ここで一番お伝えしたいのは、図の右上の位置について「アマゾンだけでなく、すべての企業に機会がある」ということです。

ネットワーク効果と補完について補足します。ネットワーク効果については、電話が古典的な例です。一人の参加者では価値がありませんが、

図表2-6　ゲームチェンジ:ネットワーク効果と補完

- 顧客体験のジャーニーの広がりから、価値が再定義される
- 従来の競争相手で業界を考えてはいけない：業界の垣根は消えつつある
- 新たな競争優位の源泉：ネットワーク効果と補完

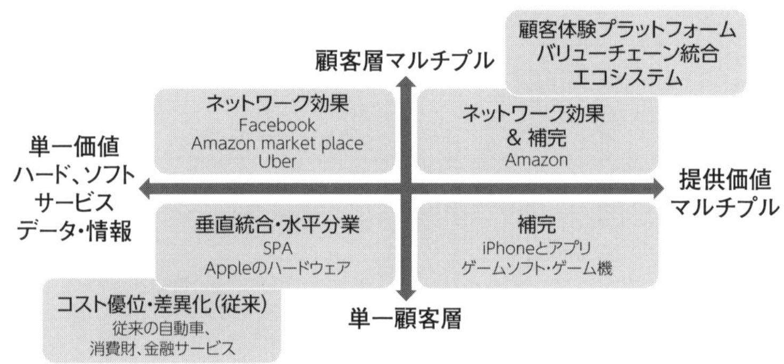

出典：Suni Guputa, Digital Strategy をもとに加筆

多数がつながっていると、すべての参加者にその電話ネットワークの価値が高まります。今だとSNSやウーバー、アマゾンマーケットプレイスでしょう。よい顧客体験が取引をさらに増やし、それがサプライヤーを増やし、すると品ぞろえが充実し、さらに顧客体験が高まるというプラスのサイクルを描くことがポイントで、現代の多くのサービスが、このサイクルの実現を目指しています。デジタルサービスにおいては、無形資産のところで説明したように、ソフトウェアのような情報資産や取引のプラットフォームで実現する価値というのは、限界費用をゼロに近づけながらも、成長を加速させることができます。また、前述した取引のプラットフォームとサプライヤー・出品者とは互いに補完関係にあります。アマゾンがサプライヤー支援のプラットフォームを充実させるのは、補完強化の意味合いです。

現在、図表２－６の左下、コスト優位／差異化のポジションのような従来のアプローチだけでは、競争優位の継続が必ずしもできなくなってきました。このようにビジネス価値のあり方を顧客体験価値から考え直す戦略がますます重要になっています。たとえば、ケーキは、パーティーグッズと競合関係にあると同時に、「共創」の関係でもあります。従来の競争相手だけで業界を捉えてはいけない時代となりつつあります。このように業界の垣根は消えつつあり、一連の顧客体験のジャーニーの中で「競争と共創」を考える必要があるのです。

繰り返しになりますが、つながり続ける世界での新たな競争優位の源泉は、ネットワーク効果と補完がポイントとなります。WTPを上げ、WTSを集めることを継続しながら、顧客もサプライヤーも成長し続けるためには、ネットワーク効果もしくは補完、またはその両方が必要なのです。顧客が求める価値は体験だけでなく、その先の驚き・発見へと進んでいきます。そして、顧客の期待を超え続けることができるときのみ、価値であると認められます。競争優位と成長の源泉として、この２つが重要になってきます。

さらに、一連の顧客体験、ジャーニーをつないで提供価値をつなげていくことが、これからの競争優位の獲得と成長を両立させるための必要要素となります。これこそがアマゾン、アップルの成長の源泉であり、iPhoneとアプリの補完関係により、さらに価値が高まります。後述するミスミも協力工場との補完で、短納期と圧倒的多数の部品を扱うトレードオフ解決を実現しています。

このネットワーク効果と補完の両方を活かし、顧客体験のジャーニーを広げ、アップル・アマゾン同様にバリューチェーンの統合度を上げ、成長し続けている企業の事例がありますので、次に紹介します。

ECにおけるトレードオフを解決したショッピファイ

カナダ発のスタートアップ企業ショッピファイは、D2C*（Direct to Consumer）を始める人のプラットフォームとして成長し、グローバルで170万社を支えています。この多数の顧客のネットワーク効果とともに、補完するエコシステムを活用し、さらにこのD2Cのバリューチェーン全体をカバーしながら成功しています。同社はミッションとして、「すべての人のためにコマースをより良くする」とうたっており、以下のような文面を自社のウェブサイトに載せています。

「簡単にビジネスを立ち上げ、それを運営し、成長させることで、たくさんの人が独立するようにサポートします。私たちはコマースの未来が大きく発展していくと信じています。ビジネスの運営の困難を軽減して、すべての人のためにコマースをよりよくすることを目指します」

＊ D2C：企業や個人が、製品の企画・製造・販売を一貫して行うビジネスモデル。とくに、ECサイトを中心とした通信販売のビジネスで、自社で企画・製造した商品を自社のチャネルを通して消費者に直接販売するモデルを指す。

D2Cビジネスに挑むショッピファイにおける顧客の問題解決であり、その実現をより簡単にし、ECを自ら実践していく際のトレードオフを解決に導くための継続支援と言えます。サブスクリプションですので、より簡単に始められます。一連の問題解決で、WTPも維持され続けています。具体的には、以下のようなものです。

①ECビジネスへの参入障壁を減らし、中小企業や起業家の取り組みを支援

- **ECビジネスのハードルを低減**……サブスクリプション型のプラットフォームを通じてECサイト運営に必要な手間やコストを減らすことで、多くの人がビジネスに参入しやすい環境を整備しています。
- **事業者ファーストの投資**……自社ペイメントの開発や新たな配送サービスのリリースなど、事業者がビジネスのコア分野にリソースを割くための投資を実施しています。
- **経営ノウハウの提供**……ビジネス立ち上げ・成長を支援するトレーニングプログラムの提供を通じて、中小企業や起業家をサポートしています。
- **フルフィルメントのアウトソーシング**……アメリカでは、フルフィルメントセンターのパートナーネットワークを活用し、需要予測やスマートな在庫管理を行うことで、注文が迅速かつ費用対効果が高く購入者に配達されるサービスも開始し、自社物流システムもロボット導入を進め、加速化しています。

②カスタマイズ機能の拡充（最適化されたEC運営の実現）

- **EC基盤の拡大**……多言語や多通貨の採用などのローカライズ対応やSNSとの連携によりグローバルでの利用者を増やし、基盤拡大を図っています。
- **カスタマイズ機能の拡充**……柔軟なカスタマイズが可能です。ショッピファイは基本的にはコーディング不要でECサイトを作成することができます。一方、プログラマーでなくても柔軟に最低限のコーディングでカスタマイズできるローコードのツールでもあります。

③パートナーエコシステムの強化

プラットフォームのカスタマイズを支えているエコシステムの成長を加速させています。ショッピファイのエコシステムは、アプリ開発者、テーマデザイナー、マーケティング担当など様々なパートナーで構成さ

れていて、パートナーのWTSもサポートできています。

このように、顧客支援のプラットフォームとともに、顧客価値を補完する能力・資産を支援するエコシステム支援のプラットフォームを用意することで、成長を加速させています。

さらに、そのサステイナビリティレポートで、「100年続く会社を築く」とメッセージし、起業家支援、カーボンオフセット、多様性、次世代のコミュニティに触れ、成長の意欲を長期視点で発信しています。顧客のD2Cプラットフォームである同社が、地球・社会の持続的な課題解決に貢献することは、同時に顧客の社会価値課題の解決へも貢献することにもなります。従来ではトレードオフだったことを、顧客向け、パートナー向けの両方のプラットフォームで具現化しています。

800垓種類から1個の部品でも最短1日の確実短納期 ミスミグループ本社

機械部品メーカーのミスミの取り組みは、B2Bでの品ぞろえと確実短納期を、AI／デジタルを梃子にした顧客体験のプラットフォームとその価値提供のためのバリューチェーンの組み合わせにより実現した例です。このように、ミスミはネットワーク効果と補完の両方を活かしています。

ミスミはプレス金型用の標準部品カタログを1977年に創刊して以降、加工部品調達における「カタログ販売」でイノベーションを起こしてきました。価格・納期を明示し、ミクロン単位でのサイズ指定を可能にしてきたのです。

ミスミの品ぞろえは、800垓（1兆の800億倍）を超えています。当初は紙のカタログでしたが、Webカタログ化を進めたことにより、グローバルにも展開しています。2018年度のトータル30万1,000顧客のうち、18万5,000社は海外顧客です。近年、さらにグローバルにネットワーク効果を広げつつあります。

ミスミは、2016年に開始した「meviy」というサービスで、顧客が紙の図面に描かれた設計図ではなく、3DCADで作成されたデータをサービスサイト上にアップロード（ドラッグ・アンド・ドロップ）することで、見積もりができるようにしました。

これまでの紙のやりとりでは、1部品あたり30分程度の作図作業と見積もり回答に1週間以上かかっていました。これを3Dデータでの即時見積もりを行い、発注にかかる工数を90%削減しています。デジタル化により複雑な精密加工部品にも対応することで、カタログではカバーできなかった顧客のマスカスタマイズニーズにも応えています。さらに3Dデータから製造に必要なデータを自動計算し、その場で価格を計算し、これまで2週間くらいかかっていたものづくりの時間を、最短1日まで短縮しています。

工程を極限まで減らすことで、海外で大量生産した半完成品からつくることでミスミは工程を省きました。職人の技術を分析再現する製造機器を自社で開発することにより、時間短縮と省人化の両方を具現化しています。

さらに「meviy」は、ミスミの100%子会社の工場である駿河生産プラットフォームにデジタルにつながることで金型作成まで実践し、その仕組みを多数の協力工場に展開することで、ネットワーク化してファブレスビジネスモデルを成長させています。データの受け渡しPC、CADからその工場につなぐプログラムを提供することにより、協力会社の短納期のプロセス支援まで行っているのです。

ミスミは、「提供価値の品質」と「顧客対応の品質」に徹底してこだわっています。具体的には「万分率」という表現で精度を求め、情報品質にもこだわりを見せます。ここでいう“情報品質”とは、情報におけるアナログ·デジタルの両方の品質を意味するものです。紙のカタログから、メルマガ、そしてCADなど、アナログとデジタルの“情報”の両方に気遣い、実際に提供されるものと金型の品質と合わせることで、グローバルレベルで徹底化を進めています。

顧客（担当レベルまで）とつながり、依頼をデジタル変換し、ファブレスの協力会社（工場企業）をつなぐ、といったように、情報品質に気を遣っているのです。デジタルとコンポーザブルな仕組み（協力会社の

ITの仕組み）を提供することで､顧客と協力会社（工場）を適切な情報･データでつなぎ、価値を創出しています。

これを支えるのは、顧客向けのデジタルプラットフォームであり、多数のサプライヤー工場向けの標準化を徹底し、組み換えの再構成を可能にしたコンポーザブルなデジタル支援です。その裏では、ミスミはデータのマスターのメンテナンスにも尽力しています。

このようなデジタル化を進めることで、短納期と品質、多様な組み合わせと顧客にとっての手間の削減、といったトレードオフの解決を実現しています。

さらに、バリューチェーン発注・製造プロセスにおいても、同じくデジタルデータ並びに情報を活用することで、多くのトレードオフの解決を実現しています。

「meviy」という新たなデジタル化されたB2B顧客の体験プラットフォームを使用する段階において、協力会社ともすべてデジタルでつなげる必要がありました。ここで重要だったのが、標準化、コンポーザブルなプラットフォームであることです。

このようにミスミは、金型のバリューチェーンを自社、自社子会社、協力会社をつないで統合し、スピードと価値を高め続けています。そのためにデータの連携を進めているのです。このような経営努力の結果、ミスミは従来よりもはるかに短い期間でありながら、同等品質の機械部品を、どこの工場からでも提供できる体制を整備しました。顧客、サプライヤー両者に対する、デジタルテクノロジー活用によるトレードオフ解決の見本となる事例だと言えます。

ミスミは、このようにネットワーク効果と補完の両方を活かしています。多様な部品をwebカタログ化し、さらにAIを活用した「meviy」を使うことで、顧客の手間の削減と待ち時間の短縮、多様な部品対応のトレードオフを解決することで、利用者を増やしているのです。さらに子会社の駿河とファブレスの協力会社をデジタルでつなぎ、協力会社との補完効果を高め、バリューチェーンの精度・鮮度を上げ、かつ短納期というトレードオフ解決のレベルも継続的に向上し続けています。

2−3 顧客と補完の両方でのプラットフォーム

音楽体験のデジタル化

音楽体験の分野は、デジタル化によって、それ以前とはまったく異なる顧客体験価値と、ビジネスモデルに変化しました。

図表２－７は、パッケージ（DVD・CD）販売、個別の楽曲販売、サブスクリプション販売、そしてコンサートの売上推移を示しています。

1877年にエジソンが蓄音機を発明した後、音楽は長い間にわたり、レコードやCD、DVDなどに記録された媒体を購入し、好きなアーティストの曲をもっと聴きたいと思えば、1曲ずつではなくアルバムを購入してもらうというビジネスモデルでした。音楽体験を様々なかたちで創造し提供できるアーティストをプロデュースする“レーベル”がビジネスを創り出してきました。

デジタル化により、音楽の領域で変化が進んだのは、作曲・編曲、アルバムプロデュース、パフォーマンス、ツアーのストーリーなど、音楽に関するすべてが人々にとっての体験であり、無形価値だったからではないでしょうか。アルバムのビジネス、巷に流れるフリーの曲を聴いて3,000円のアルバムを買うといった、ビジネスモデルは崩れ去りました。人々は、前述したフォッグのモデルで“Ability”にあたる、欲しい曲を1曲ずつデジタルで入手する能力を手に入れたわけです。2003年4月28日、アップルのiTunesがサービスを開始します。他にも同様のサービスが存在していましたが、スティーブ・ジョブズによるアナウンスのインパクトは非常に大きなものがありました。

iTunesにより、顧客にとっては、従来高い金額でアルバムを買うしかなかったことに対するトレードオフの解決が正規になされたわけです。しかし、1曲ずつのダウンロードでは、不法コピーを上回ることはできませんでした。実際、2000年から2009年までにアメリカのプロミュージシャンの30%が失業しています。そして、2008年、スウェーデンのスポティファイによるサブスクリプションサービスの開始が、新たなトレードオフの解決を実現しています。定額でいくらでも音楽体験ができるようになったのです。2015年 Apple Music がスポティファイと同じ形式になったことで、正規ライセンスでの音楽の楽しみが主流になりつつあります。

一方、図表2－7には反映していませんが、人々にとってアーティストの音楽を体験する機会は大幅に拡大しています。2008年のIFPI（国際レコード産業同盟）の調査では、合法ダウンロードは5%でした。逆に言えば、図表2－7の2008年時点の数字の20倍の音楽体験が実施されていたのです。その結果、個々のアーティストの音楽が体験化される機会は増え、人々がコンサートへ足を運ぶ機会は増えました。デジタル化が人々の選択の自由と体験の機会を促し、その結果、多くのアーティストの表現機会が生まれ、従来と違うかたちでの経済活動が進んだのです。さらに、音楽ビジネスとして加速するのは、SNS連携のネットワーク効果＋補完によってです。これに関する話は、この後のスポティファ

図表2-7　音楽体験のデジタル化:世の中の先をいく変化

これまでの20年。これからは…

7年で売上1/2(CD) vs 売上2倍(コンサート), 10倍(サブスクリプション)

USA音楽業界の売上変化 2000-2017, Recording Industry ＊
United States, 2000-2017($millons)

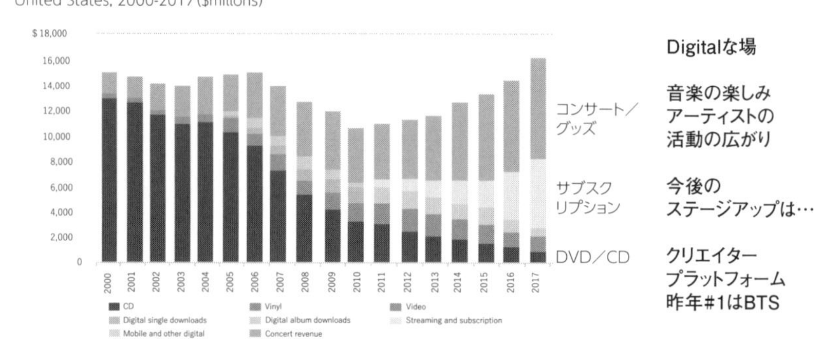

出典：Recording Industry Association of America and Pollstar. 参照 :Sunil Gupta Driving Digital Strategy.

ファイのところで説明します。

そして、音楽分野は、サブスクリプションと、クリエイター・アーティスト支援のプラットフォーム化が最も進んだビジネス領域となりました。コンテンツ力があれば、グローバルにどこまでも価値提供することができるため、ファン獲得と継続ビジネスの機会の両方が確立しつつあったのです。

ところが、新型コロナウイルスの蔓延によりリアルなライブを行うことが難しくなったことで、さらに音楽業界関係者はビジネスモデルの更新の加速を迫られました。このタイミングで顧客・アーティストエコシステムとの直接のつながりをデジタルで強化することができたプレイヤーは、これからさらに成長を加速するのではないでしょうか。たとえば、2020年にビルボードで最も売れたアーティストである韓国のBTS*は、コンテンツを徹底的に磨いた上に、さまざまなネットワークやオンラインの場を活用して、自分たちの情報を発信していきました。BTSをプロデュースする企業HYBEは、アーティスト育成と音楽コンテンツを創る従来のレーベルだけでなく、音楽・アーティストなどのコンテンツ・ゲームといった新しいソリューション、ファンとアーティストを結ぶソーシャルメディアであるプラットフォームを梃子に、他事務所の買収も含めたグローバルな成長を実現しました。このように顧客体験のジャーニーをファンの視点でつないでいるのです。そして、コンテンツ、プロフェッショナルなアーティストの育成とプロデュースのプラットフォームを同時に構築拡大しています。

＊BTS：韓国の7人組男性ヒップホップアイドルグループ。2013年にデビュー。2017年から世界進出を始め、「アメリカのアルバムランキングで初めて1位を獲得したK-POP歌手」という新記録を含めて、2021年までに計23個のギネスワールド記録が認定されている。

BTS／HYBEだけではありません。ドイツ・ベルリンに本拠を構える世界的なオーケストラ、ベルリン・フィルハーモニー管弦楽団も、「Digital Concert Hall」というオンライン配信コンテンツでファンとつながるプラットフォームを以前から展開していましたが、オンラインでの顧客との直接のつながりを深めています。オンラインゲームの「フォートナイト」の中でも多数のアーティストが公演しています。今のところリアルの体験とは異なりますが、これから音楽業界における新たな進化につながっていくのではないでしょうか。

スポティファイはなぜ成功したのか?

音楽業界における変化をいち早く察知し、大きく飛躍しているスタートアップ企業があります。前述したスウェーデンのスポティファイです。同社はポッドキャストプレイヤーであり、楽曲を手軽に再生して楽しむことができる音楽プラットフォームビジネスを手がけています。

2006年に創業したスポティファイは、前述のいわゆる海賊版や違法行為によって入手した楽曲による音楽体験というものは、アーティスト、音楽会社、ユーザー、いずれにとっても損となると考え、オンラインで合法的に、かつ皆が楽しめるサービスモデルを思いつきます。

1つは無料で楽しめるけれども広告が表示されるという契約であり、もう1つはサブスクリプションによる月額課金モデルです。スポティファイはこの2つのサービスのラインを提供し、レコメンデーション機能を強化したことで、ユーザー数が伸び始めます。さらに加速したのは、2016年ごろからのフェイスブックのメッセンジャーとの連携や、ツイッター投稿からのスポティファイ利用です。フォッグのモデルというと、音楽視聴のAbilityに加えてSNSでの気軽なPrompt(きっかけ)が加わりました。同時にユーザー数のネットワーク効果と補完が効きました。

2021年11月現在、月間のアクティブユーザー数は約3億8,100万人、有料会員数は1億7,200万人と、名実ともに世界最大の音楽ストリーミングサービスに成長しました。2021年の第1四半期には、ついに黒字化も達成しています。

同社は「クリエイターと、それに触発されて人々の暮らしが豊かになっていく」ことを、自社のミッションとして掲げています。スポティファイのモデルは、アマゾンなどのサプライヤーと買い手というプラットフォームと同様に、クリエイターとユーザーという関係のプラットフォームを創ることで成長させています（図表２－８）。これが、音楽において、WTPを上げ、WTSを維持することで、現在まで成長してきた理由と言えるのではないでしょうか。

その先にあるのは、楽曲を聴いたユーザーのクリエイティブな感覚やインスピレーションを引き出すということです。まさに第１章で紹介したつながりのネットワークが「音楽」という体験を軸に、複雑に展開していくという世界の実現です。

このようなミッションならびにビジネスを実現させるために、同社は、最も進んだフラットな組織全体でのアジャイルな行動を実現し、コンポーザブルな再構成・組み換えを自在にしつつ、コンテンツの製作に注力することを具現化し続けています。このことについては、第３章以降で詳しく説明します。

GAFAのような資金力がなくとも、あるいはスティーブ・ジョブズのようなカリスマ性がなくとも、顧客体験の驚き・発見、そしてそれまでの顧客のトレードオフを解決し続けることで、成功と成長の両方を実現することができるのです。

顧客体験の進化の新たなステージ。顧客との共創、クリエイターとの共創・協働を拡大するクリエイタープラットフォーム

ネットフリックスは、面倒な手続きよりも社員の自由度を重視し、効率よりもイノベーションを重んじる企業です。このように制約のないカルチャーにより社員の能力密度を高めることで、最高のパフォーマンスを引き出しています。そのために、社員をルールでコントロールするのではなく、ビジネスのコンテキスト（文脈）を社員に伝えることを優先して成長し続ける企業として認識されています。

ネットフリックスは世界中をワクワクさせ続けるために、個々の視聴者にとって、楽しく、かつ新たな発見をつくり出し、どのような視聴環境でも快適に体験できることを追求し、そのためにデータ分析の結果をクリエイターに提供することで、それらを活用するプラットフォームと

図表2-8 **音楽を軸とした顧客体験の変化**

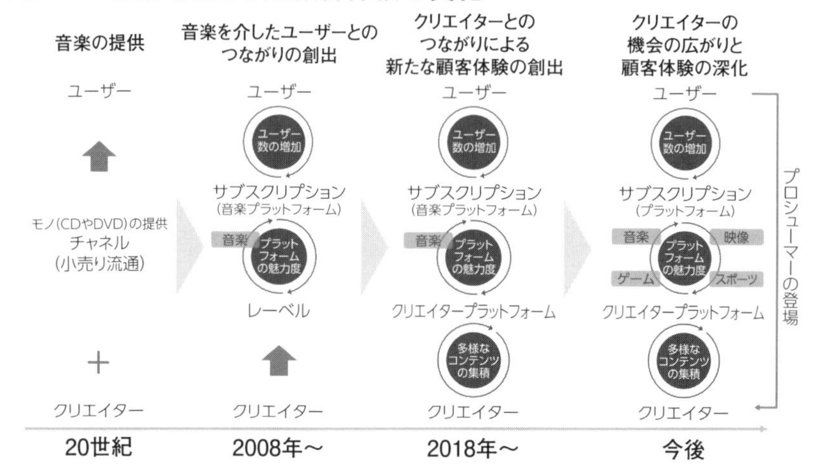

しても成長し続けています。

顧客のWTPが常にサブスクリプションの価格を上回り続け、クリエイターのWTSのモチベーションが上がり続けるといった、クリエイターが表現したいことのインプットと環境を提供するのが、ネットフリックスの仕組みです。具体的には次の4点があります。

- **継続的なデータ分析とそのフィードバック**
- **そのためのコンテンツ分析の標準化**
- **顧客の体験継続の視点で創るコンテンツと、視聴環境の分析**
- **クリエイター、社員がクリエイティビティを発揮するための仕組みと環境**

ネットフリックスは、顧客体験を徹底的にデータで分析した上で、その結果を自社のプラットフォームにおいて、クリエイターの創造（実践の共創）として活用しています。具体的には、映像を細かく断片化させて「無数のタグ」に変換することで、顧客が映像のどこで離脱したかをデータとして取得し分析しています。顧客体験の継続によってこそ体験の価値が評価できると考えているのです。漠然と映像の内容が面白いかどうかを問うアンケートではなく、どのような映像のときに、どのような属性の人が視聴を継続するか、逆に継続しないか、データ化のためのタグづけは、色遣いやコンテンツの展開の仕方まで多岐に及びます。

具体的には、恋愛ドラマの場合を例に挙げると、悲恋、報われる恋、初恋がどのような関係で描かれているかを分類しています。Netflix tagger と呼ばれる約 30 名が、この分類を実施しています。デジタルを活用するために、この部分は“人”が行うことで解決するのです。

2014 年の Atlantic の調査によると、ネットフリックスには 7 万 6,897 のジャンルが設定されています。2013 年にアメリカで社会現象を巻き起こしたオリジナル作品『ハウス・オブ・カード 野望の階段』を例にすると、BBC 制作の番組が好きなユーザーはケビン・スペイシーの出演あるいはデビット・フィンチャーが監督している作品を好むといったことまで把握しています。そして、ネットフリックスは製作者に対して、このようなインプットを行いつつ、監督などのクリエイターにその作品づくりを任せるのです。当初はネットフリックスを敬遠していたスティーブン・スピルバーグが制作に参加するのは、このシステムの可能性をよく理解したためではないでしょうか。

これだけではありません。視聴環境、つまり通信環境によって、映像が途切れないようにするという仕組みの構築にも取り組んでいます。このように顧客の我慢を最小化させる体験に応えているのです。視聴環境の選択によりサブスクリプションの価格が異なるのは、ネットフリックスだけです。これは同社が、顧客体験を単にコンテンツの数をそろえるだけでなく、その環境まで支援するとともに、それらのデータを取得し、より良いサービスを視聴者に提供し続けることも意味しています。

そして、①「これらの取り組みを徹底する」、②「クリエイター・社員のクリエイティビティ・自由な活動を徹底する」、③「顧客の体験環境を徹底する」ために、コンポーザブルな考え方で、「仕組み」を組み換え・再構成しながら、目指すべきことを行うといった①②③のことも徹底しています。たとえば、分析環境、システム環境は、AWS の標準環境を活用することで、常にスケールできる準備を整えています。さらに分析する環境、活動する環境においても、AWSを使っているのが特徴です。

さらに、提供価値においては、第3章で触れる顧客体験のプラットフォームの広がりと、バリューチェーンの統合を実践しています。実は公にはなっていませんが、ネットフリックスが提供する作品数は約5,000であるとも言われています。これはAmazon prime videoの5万本以上（見放題は1万5,000本以上）、huluの7万本以上（すべて見放題）、dTVの12万本以上（すべて見放題）を大きく下回ります。それにもかかわらず2021年6月時点で2億918万人という圧倒的なユーザー数とユーザーの評価を維持し成長を続けているのには理由があります。ユーザー向けのレコメンド、視聴環境対応、クリエイター向けプラットフォームでのデータ活用、コンテンツを届けるためのバリューチェーンの統合によるサービスの快適さによるものではないでしょうか。

世界を目指しているからこその成功　メルカリ

フリマアプリ「メルカリ」を運営するメルカリは、創業者である山田進太郎氏が世界中を旅していたときに感じた「社会課題を解決したい」との想いから生まれた会社です。

「新たな価値を生み出す世界的なマーケットプレイスを創る」

メルカリは上記をミッションとして掲げていますが、「ちょっとした使い勝手の良さ」で成長していると、山田氏は説明しています。

誰にでも簡単に、パーソナルデバイスから「メルカリ」で家に眠っている資源を循環させることができます。「メルカリ」では匿名でやりとりすることができ、バーコードをかざすことで商品が提示されます。オークション形式ではないというのも特徴です。出品するモノの写真を撮って条件を入れると、売値候補が幅を持って示されます。お金のやりとりに関しても同様です。現金を使うことなく、メルカリ内の「メルペイ」などを活用することで、スマートフォン上でお金を簡単に移動することができます。銀行に足を運び、指定された金融機関の口座に振り込むような手間は必要ありません。人々の「できる」と「簡単」のトレードオフをテクノロジーで解決していることが、同社が2013年に創業5年で上場を果たし、2021年に黒字化達成という、非常にスピードある成長で世界を目指していることにつながっています。

その結果、「メルカリ」のユーザーはシニア層や女性層に広まっています。国内で先行していた「ヤフオク」のオークションよりも高い価値を見出す人に売る、そのために出品者が売り方を工夫していく、といった従来の形式とはまったく異なる体験を提供しています。だからこそ、一見ガリバーとも言うべき「ヤフオク」がいる市場で成功を収め、かつこれからさらに成長していくのではないでしょうか。

「できる」と「簡単」のトレードオフ解決には、テクノロジー活用はもちろんですが、アマゾンのところで先に説明したように、情報の体系整備、たとえばコードから商品が特定できるようにデータベースを用意したり、カメラによる読み取りのAIの精度・スピードを高めたりする必要があります。「メルカリ」では、戦略としてのテクノロジー・データ活用の資源配分が他社と異なっており、だからこそ差異化されます。またこの差異化は、世界を目指しているからこそのデータ戦略になっていると考えられます。これまでメルカリも順風満帆だったわけではありません。過去には現金出品といった社会的な問題も発生しました。クレジットカードを使えない人に現金を違法に融資するといった使われ方です。この他、いくつも出てきた間違った使い方に対しては、AIの駆使と人の監視の組み合わせにより対処しています。このような「ちょっとした使い勝手の良さ」の積み重ねとそのための仕組み更新といった自社の資源配分の戦略を実践するスピードは学ぶべきポイントです。

2021年6月の決算で、同社が更新した3つのビジョンは、以下のとおりです。ここでは顧客にとっての価値実現を新たに示し、そしてここへ向けてのバリューチェーンをアップデートしようとしています。

①「ユーザーの信用情報やモノの価格データを活用し、出品者は取引完了の確認を経ずとも、出品した瞬間にお金を受け取れるようになる。

購入者は、その商品をいつか売り手として出品するのであれば、将来の売却時の価格が事前に差し引かれた形で購入できるようになる」

②「配送も大きな変化が世界中で起こる。太陽光や風力などで動くロボットやドローンが、二酸化炭素の排出量が少ない方法で配達する」

③「スキルやデジタルアセットも取引されている。ブロックチェーンで所有権が守られ、自分の楽曲をNFT（Non-fungible Token、非代替性トークン）化してメルカリで売買することができる。誰もが自分らしいクリエイティブな人生を楽しめる世界を実現することができる」

これらの実現のために、メルカリは次々とトレードオフを解決することで、利用者が本来であれば体験したいと感じていた循環型社会に対する貢献と付加価値創造を同時に進めつつあります（図表２－９）。顧客体験のジャーニーを、モノのやりとりからデジタルコンテンツまで広げていき、その価値のバリューチェーンは、配送におけるCO_2削減とお金のやりとりにおいて、迅速かつ安全な方法へとそれぞれアップデートされていくのでしょう。そのために同社における資源活用の再構成・組み換えをコンポーザブルな方法で進めていくのがポイントです。

図表2-9　メルカリが目指す循環型社会

◆一次流通・二次流通の融合による循環型社会の構築を目指す

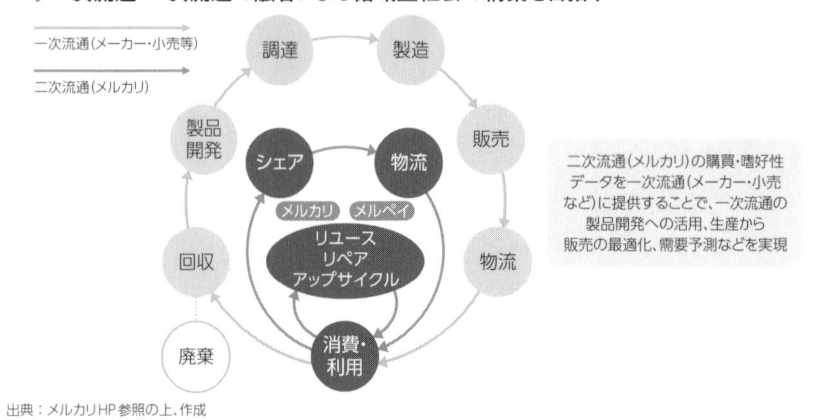

出典：メルカリHP参照の上、作成

2-4 体験価値の累乗進化、そのための投入資源の再構成を継続する

つながることで「顧客の体験価値は変化し続ける」と説明しましたが、もう1つ重要な変化があります。それぞれの体験を組み合わせることで、その組み合わせが細分化され、かつ価値に対する多様性が増していることです。そして、その再構成や組み換えにより、体験価値はこれまでにも増して累乗的な進化を遂げています。

ここで参考となるのが、民泊仲介サービスを行うエアビーアンドビーです。同社は使われていない資源を利用するシェアリングエコノミーを梃子とするビジネスモデルです。

エアビーアンドビーがシェアするのは、空間だけではなく、宿泊先のローカルな体験です。さらに旅人それぞれにとってのつながりとして、体験が再構成できるという価値の提供をしています。

それは、宿泊先における地元の人たちとのつながりによる、現地でしかできない体験を提供するということです。日本であれば伝統工芸の手づくり体験、中国であれば太極拳を体験することなどです。イギリスでは「ハリーポッターと魔法」をテーマにしたバーチャルツアーなどが用意されています。

もともと旅行というもの自体、体験が重なり合ったサービスですが、エアビーアンドビーの場合は、より細やかな体験を、利用者が個々に組み換え可能な世界観として実現しています。その結果、旅行における個々の願望はさらに実現されていくと考えられます。

新型コロナウイルス感染拡大により、同社の売上は数週間で80％減少しましたが、2020年の夏、予想よりも早く旅行の回復が見られました。特に国境を超えなくても近場でエアビーアンドビーを使って楽しむ、"近い田舎"の需要が強く、それがIPOと結びついて成功を収めているのです。その場の文化と人と人との体験をつなぐ仕組み、400万人のホストと、各国で提供される選択肢のコンポーザブルなコミュニティ、これらの仕組みが、コロナ禍で価値のあるものとして改めて認識されたと言えるでしょう。エアビーアンドビーの使命は、人と場所、人と人を結びつけることにより、世界中のどこにでも、それぞれの人にとっての居場所を感じてもらうことです。

エアビーアンドビーの取り組みのように、価値を組み合わせることでさらなる価値を累乗化していくという流れやビジネス・サービスは、これからますます増えていくと筆者は考えます。

逆に、累乗化していくといったサービスは、どのように生み出せばよいのか。図表2－10が参考になります。

顧客の体験価値は、良くなり続けていくことが前提となっています。そして、さまざまな個々の顧客のジャーニーに沿って、いくつものうれしさや発見、個人の最適化などが組み合わされることで、新たな価値が創り出されていきます。一方、これらの体験価値は、図表2－10の分母で表現した顧客にとっての、「ストレス」の最小化の組み合わせにより実現されていきます。具体的に言えば、使いにくさ、コスト、早さ（かかる時間）などの掛け算で示される、体験するための労力や煩わしさです。分母にある“ストレス”とは、1よりも小さな数字の掛け算であり、

図表2-10 **体験価値の累乗進化**

体験価値の累乗成長とストレスの累乗効率化で実現される

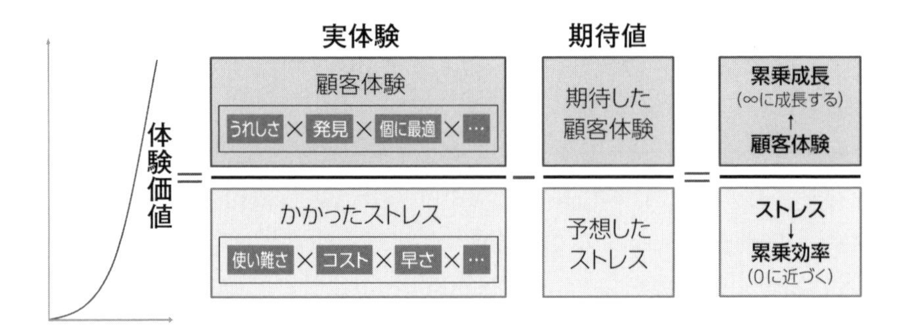

ゼロに近づいていきます。分子は1よりも大きな数字の掛け算です。このように、分子、分母の掛け算により累乗的に価値は大きくなっていきます。体験価値はこうして累乗的によくなり続けます。

顧客とつながり続けることにより、体験価値は顧客にとっての生涯価値で評価されていきます。サブスクリプション契約が進めば、顧客は定額で累乗的に価値を体験することができます。また、それがこれからの競争の前提となるのです。そのため、常にWTPを上回っていくことが、つながり続けるための前提になります。

一方、体験価値を提供し続けるためには、サプライヤーまたはパートナーによる価値の供給と、補完価値の継続的な提供が必要となります。これら積み重ねも期待を上回るものでなければ、顧客体験における驚きは続きません。ここまで見てきたように顧客体験のプラットフォームと同様に、サプライヤー、補完プレイヤーのエコシステム支援のプラットフォームが、価値を補完するプレイヤーを引きつけ、また有力なサプライヤーのWTSを集め続けると言うことができるでしょう。

「エクスポーネンシャル（指数関数的）」と表現された進化とは、こういうことではないでしょうか。人の欲求に終わりはなく、どこまでも求め続けてきます。それに応え続けるために、顧客体験のプラットフォーム、エコシステム向けのプラットフォームをそれぞれの体験、行動をデータ化して分析し続け、価値のアップデートを継続していくことが必須です。

少し前まで、財布の中に何枚ものクレジットカードがあるのが当たり前でしたが、今はスマホのなかに様々なWalletがあるのではないでしょうか。そして、そのWalletが存在する“プラットフォーム”には、様々なサービスが“つながって”いるのです。

そして、その“プラットフォーム”には、サブスクリプションの定額サービスによって、どんどん多数のサービスが追加されていっています。

先述したWTPとWTSで説明すると、サービスが増えることでWTPが高まっていくと言えます。同様に、顧客にとっての煩わしさ、我慢を最小化していくことも、WTPを高めることにつながります。顧客にとってのコスト、スピード、間違いのなさなどですが、これらはいずれも「欲しい」という感情を加速させます。前述したメルカリが「ほんのちょっとした使い勝手のよさ」に注目するのも、アマゾンでグレッグが分析した顧客の購買体験も、ネットフリックスが分析しているエンターテインメントの視聴体験も、この分母と分子の両方に働きかけていることです。一方、この構造は、サプライヤーや補完（クリエイター）にも同様に働きかけます。WTS、Willingness to Sellであり、Willingness to Supplyを加速させるのです。

この後の第３章では、選択した範囲の中でコンポーザブルなビジネスモデルと仕組みをいかに構築していくか、プラットフォームとスケールについて解説していきます。

Column ②

カスタマーサクセスの先にある、究極の顧客体験で描かれる未来予測図

NEC DX戦略コンサルティング事業部
エグゼクティブ
コンサルタント リード
椨木琢己（主筆）

NEC DX戦略コンサルティング事業部
エグゼクティブ
コンサルタント リード
川又 健

カスタマーサクセスはさらに進化する

顧客体験における現在のトレンドは、製品やサービスを使うことで、顧客が望むサクセスを手に入れる手助けを行う、カスタマーサクセスです。そして、この流れは当面のあいだ続くでしょう。カスタマーサクセスがより進化する、とも言えます。

その背景には、テクノロジーの進化があります。たとえば、ビジネスに必要な情報を得たいと思えば、スマートフォンを使い、さまざまな情報を以前よりも短時間で取得することができます。さらに顧客行動はデータとして蓄積され、機械学習やAIにより分析されます。次に利用するときには、あるいは別のユーザーが5分後に利用する際には、以前よりも使い勝手がより良くなっています。つまり、この繰り返しで累乗的にカスタマーサクセスは進化していきます。

顧客のストレスが減っていくのはいい傾向ですが、カスタマーサクセ

スはデータ解析による、あくまで合理的な手法です。これから先、ビジネスで成功を掴むためには、その一歩先の顧客体験を考える必要があります。

体験は生活やその人の一部となり、なくてはならない存在となる

一歩先の顧客体験とは、顧客にとって、その商品やサービスがないと日々の生活が成り立たないようなものであると言えます。単にニーズを満たすだけでなく、自身の生活の一部に入りこむまでの価値や満足感を提供している商品やサービスです。

このとき、シャネルなどのハイブランドが参考になります。熱狂的なファンにとって、シャネルはもはや自分の一部、暮らしの一部とも言えるでしょう。興味深いのは、なぜ、彼らはそこまで魅力を感じているのか。製品のクオリティが高いとか、サービスが素晴らしいといった合理的な理由がある一方で、本人もよくわからないけれども「とにかく好き」といった情緒的な要素もあると考えられます。デザインや縫製が素晴らしいことももちろんシャネルを好きな理由の要素だと思いますが、それ以上に身につけたり、クローゼットに保管したりしているだけで、己の欲求を満たしている場合もあるでしょう。

このような例は、ハイブランドだけに限りません。一時期発売が中止になると消費者の一部から嘆きの声が多く上がった「ペヤングソースやきそば」なども同様です。このレベルまで顧客体験が高まると、もはや同類の商品やサービスを購入しようという気持ちは起きません。これが、カスタマーサクセスの先にある、究極の顧客体験です。そして、このような顧客体験をビジネスに取り入れようという動きが、昨今のトレンドとなります。消費者はそもそも何を目的に、その商品を購入しているのでしょうか。マーケティングの教科書でよく取り上げられる事例「ドリルと穴」の関係、つまり目的と手段といった合理的なフローから見ると、「シャネル」や「ペヤング」のファンのニーズは、時には不明瞭に見えます。

なぜ、自分はそこまで傾倒するのか、購入した本人も気づいていないケースが少なくないからです。

合理的なニーズがデータの取得・解析でより良くなるように、情緒的で不明瞭なニーズにおいても、カスタマーサクセスを繰り返す、つまりデータを徹底的に取得し、解析していくことで、いずれはこれらの疑問が解けるようになると考えています。

NECでは、"これから"をお客様と語るために、「NECのデザイン思考」フレームワークにより、新たな顧客価値の具現化を支援しています。また、新規事業の推進の課題を解決する「DXオーガナイズ･リーン＆スケール化支援サービス」により、リーンスタートアップの加速化と、顧客ニーズを反映した事業のスケールアップ支援をアジャイル型でご提供しています。顧客本来の、本人も気づいていないようなニーズを踏まえて、新しいビジネスを生み出すご支援をしていきたいと考えています。

デジタルツインが変える生活の「未来予測図」パラレルキャリアが当たり前の時代に

テクノロジーが浸透し、デジタルなつながりを前提とした、私たちの暮らしや働き方は、どのように変わっているのか考えてみてください。

新型コロナウイルスの影響で、働き方、暮らし方はこれまでのようにひとつの決まったキャリアや道ではなく、複数（パラレル）になっていくでしょう。しかも、それが同時に行えるように、一人ひとりが自由に選択できるようになると思います。リモートワークや副業はいい例です。

多くの人の場合、これまで人生の選択肢は1つだけでした。しかし、スポーツ選手が引退後に別のキャリアを歩むように、今後はデュアルキャリアを選択する人がますます増えていきます。そして、このようなキャリアの選択先は、リアル、フィジカルだけではなく、デジタル、バーチャル空間にも広がりますから、1人の人が歩むことのできる働き方やキャリア、人生の選択肢は、いま大きな展開期を迎えています。

それは、デジタルツイン、つまりバーチャル空間上にもリアルと同様の建物や人々（アバター）がいて、リアルと同じように働いたり暮らすような世界観です。そして、このようなバーチャル空間での活動が進めば、これまでは毎日８時間、フィジカル空間上で働いていたのを半分に減らすことも可能になります。そして余った時間で副業をしたり、プライベートを充実させたりすることができるようになるでしょう。

そして、数時間単位の業務を請け負うギグワーカーの働き方はさらに細分化され、マイクロタスク化していくでしょう。目の前の業務は誰が行うと最もパフォーマンスが高いのか。クラウドソーシングなどを活用して、ベストな人財を選ぶようになります。その結果、１人が最初から最後まで仕事を担うケースが、今にもまして減少していくでしょう。会社や組織に所属している意味や必要性といったことも考えるような時代が来ると思われます。

このフィジカルとバーチャル空間の融合を実現するのは、組み換え続けられるインフラストラクチャー技術です。この技術は、オンプレミスでエンタープライズ的なアーキテクチャーと、昨今台頭しているクラウドを自由に組むことができるからです。そして、このインフラに5Gや6G、XRといったITリソースや技術をかけ合わせることで、先に紹介した未来は実現に近づいていくでしょう。

一人ひとりが楽しい、居心地が良いと感じる場に街は変化していく

暮らしや働き方が変わることにより当然、街の様相も変化していきます。これまではフィジカルに仕事をしたり、友人と遊ぶ必要があるから、リアルな都市に人が大勢集まってきたわけですが、そのような行動が減るからです。街に行くかどうかの判断も、各人の志向による選択ができるような世界になっていくと考えています。

１人でいる時間を好む人がいる一方、リアルでもバーチャルでも、とにかく友だちと一緒にいることに幸せを感じるタイプの人もいますね。

SF映画の世界のように、人々の活動がすべてバーチャル空間で完結することになるでしょう。そのような行動を好む人が増えれば、フィジカルの街の価値や意義は継続的に変化していきます。

テクノロジーの観点でも、狭義の都市、たとえばあるエリア内であれば、今説明したようなフィジカルとバーチャル空間の融合はすでに可能です。そして5G、6Gといったインフラが広域で整備されるようになれば、まさに先に説明したような世界が実現するでしょう。

フィジカルとバーチャルをシームレスに行き来できるそのとき、現在のようにITリテラシーは求められなくなっているでしょう。デジタル・ディバイド（情報格差）を乗り越えた先では、フィジカル世界に存在する「社会的格差」が取り払われたバーチャル都市の恩恵を享受することが可能となり、真に人を中心とした生活を営む時代がやってくるのです。

Column ③

組織と人の能力を引き出す AI（人工知能）の最前線

NEC データサイエンス研究所
データマイニング・テクノロジーグループ
江藤 力

NEC データサイエンス研究所
知識・推論テクノロジーグループ
小山田昌史

眠っているデータを掘り起こす

Q AIの活用に取り組み始める企業が増えています。
初期段階ではどのような課題につまずきやすいのでしょうか。

小山田：データの不足が原因で、AIの精度が低いことに悩む企業は少なくありません。しかし、ビジネスを行っている以上、社内には顧客情報や売上履歴、日報や議事録、機械の稼働ログなど、膨大なデータが日々蓄積されているはずです。つまり、データが不足しているのではなく、AIに使える「整えられたデータが足りない／見つかっていない」のです。そこで私が研究開発を行っているのが、社内に眠っているデータを整形して掘り起こすとともに、社外に散らばる関連データも見つけ出し統合することで、高品質でリッチなデータを作り出しAIの精度や解釈性を向上させる技術です。

データを整形するツール自体は昔から存在しますが、それらはデータの専門家が多くの労力をかけて使うものでした。私が取り組んでいる「NEC Data Enrichment」は「データの意味や関連性をAIで推定して抽出する」ことで、専門家の労力の削減や非専門家による高品質なデータの整形を可能にします。

このとき、オープンデータや社外の販売データに加え、NECがさまざまな業界でソリューションを提供することで蓄えてきたデータも含めて、ワンストップで提供できるというところも特徴です。

Q どのような利用事例がありますか。

小山田：最近好評なのが、接客営業における顧客応対での利用です。購買履歴データをもとに、効果的なセールストークを示したり、買ってくれる人の特徴を浮き彫りにしたりすることが可能です。

Q この技術によって、どの程度の効率化やAIの精度向上が見込めるのでしょうか。

小山田：単純比較はできませんが、データの整形だけを比べると1週間が数10分に短縮されます。たとえば毎月1回、最新の動向に合わせてデータを取得して分析を行っているとします。その都度1週間かけてデータを収集していると、人件費がかかるだけでなく、分析開始までに1週間のタイムラグが発生してしまいます。一方、この技術を使えば、他社よりも6日間早くアクションを起こせるようになるわけです。それが毎月続くのですから、競争力に大きな差が生じるのは明らかです。

実際に「NEC Data Enrichment」の掘り起こしたデータを活用することで、需要予測の精度が10～20%向上した事例があります。「NEC Data Enrichment」の導入前と比べ、機会損失や廃棄ロスが大幅に減り、利益と収益性の両方に大きな効果をもたらしました。

熟練者やインフルエンサーの「意図」を再現

Q 予測精度が10%上がったとしても、「商品をどれだけ発注すればいいのか」という意思決定は人が行わなければなりません。結果は担当者によって左右されてしまいませんか。

江藤：そうならないようにするため、私は予測値を提供するだけでなく、判断や意思決定までサポートするための「意図学習」を研究しています。たとえば、コンビニエンスストアの業務では、平日はシフトをどう組んだか、おにぎりを何個発注したかといった過去の意思決定履歴から、その意図を学習し利用することで、たとえ店長がいなくとも同様の意思決定が可能になります。

　また、同じ粗利率を目指すにしても、考え方は人それぞれであり、Aさんは売上を増やすことを重視するけれど、Bさんはコストを減らすことを重視するといったような意図の違いが生じます。こうした考え方の違いを表現するため、どの観点をどれくらい重視するかがわかるように意図をホワイトボックス化（内部構造や動作原理、仕様などが公開されたり明らかになっている装置やソフトウェア、システムなどのこと）できることも、意図学習の価値です。また、ホワイトボックス化できることで、改善・精度向上がしやすくなる、納得感のある意思決定がしやすくなる、説明責任が果たせるといったところもポイントになります。

Q 意図学習には、その他にどのような用途が考えられますか。

江藤：NECでは人工衛星の運用を行っており、お客様からのリクエストに応じて地球の写真を撮影しています。人工衛星の軌道を変えることはできないので、どのような順番で撮影していくか計画を立てる必要があり、熟練者の経験が求められていました。そこで意図学習を適用したところ、再現率は90%以上で、そのうえ熟練者が見逃していた観測のチャンスを見つけ出すことにも成功しました。熟練者の答えがいつも100点とは限らないので、もしかすると人の能力を超えていたかもしれません。

人材配置に意図学習技術を用いた事例もあります。自治体における職員配置の最適化と業務の効率化に向けて、福島市とNECが共同で実証実験を行いました。過去の異動情報データをもとに意思決定モデルを作成し、様々な条件を考慮して配属先のシミュレーションを実施。その結果、約300時間かかる異動案のチェックが約24時間と、実に92%減となりました。人の意思決定というのは、時に反感を生みます。しかし、明確な根拠のあるAIの判断であれば、そうした感情を抑えることにも役立つのではないでしょうか。高速に24時間働いてくれるだけではない、AIの価値の一面です。

意図学習は他にも、棚割り最適化やシフトのスケジューリング、配送経路計画といったさまざまな最適化にも貢献します。

人の意思決定には、ばらつきがあります。しかし、意図学習を用いることで、人によるある瞬間の意思決定をモデル化でき、次回以降は機械がそれに従って粛々と最適化してくれるわけなので、人の代替という域を超えることになります。

Q　意図学習によって、人の存在は不要になってしまうのでしょうか。

江藤：今年の流行に合わせた意思決定が、来年も通用するわけではありません。何を重視するかは、社会情勢やトレンドの変化に合わせて絶えず見直していかなければなりません。それができるのは人だけです。AIに任せられるところは任せて、人の役割は残りのクリエイティビティが求められる部分を磨いていくようになるでしょう。

小山田：つまり、個人の価値がますます重要とされる時代になっていくということですね。

江藤：小山田さんのような服を着てみたいと思ったときにも、意図学習は利用できます。インテリアコーディネーターの意図をコピーして家具を選んだり、インフルエンサーと同じ感覚で旅行プランを計画したりするといった用途も考えられます。データが流通する時代になってきましたが、私は意図を流通させたいと思っています。

第3章

コンポーザブルな
ビジネスモデルで
スケールしていく

3―1 パーパス(存在意義)・ミッション・ビジョン・バリューとスケール。そして、業界の考え方が変わっていく

目指すべき方向を選択する

第1章で述べたように、企業の資源の選択と配分こそが、企業が目指すところを差異化しながら目標達成していく戦略となります。

経営学者のピーター・ドラッカーは、著書『Managing in the Next Society』の中で、「ミッション・ビション・バリュー以外は、すべてアウトソーシングすることができる」と述べています。

ドラッカーが言うように、企業として目指すミッション・ビジョンを具体化するために、資源の選択、有形資産であるモノ・キャッシュだけでなく、ヒト・情報・知財などを有効に活用していくことこそが、これから必要とされる戦略であると言えるでしょう。より長期的な視点を持った企業の存在意義を「パーパス」と定義するとすれば、その成長のために必要なことはパーパスに沿った資源の選択をし続けていくことになります。

その資源の選択の自由度を高めることこそが、企業の成功を継続させ、成長の機会と可能性を広げるのです。

第1章では、付加価値の提供と獲得の継続について述べました。

第2章では、顧客体験のプラットフォームと価値を創るバリューチェーンの統合･分散についてデジタルを梃子に使い分け、「ネットワーク効果」と「補完の効果」という両面を活用していくことが、付加価値を継続的に成長させていくカギになると述べました。その際に、「環境･社会への持続性に効果的な組み合わせ可能なビジネスモデル」であることが重要です。さらに働き手の自由な選択をサポートすることが、結果として投資家やステークホルダーの期待に応え続けることになり、最終的にはイノベーションの創出につながっていくと断言しました。

そして、これらを具現化するための方法論が、ここで述べる「コンポー

ザブル」となります。

これから説明していく「コンポーザブル」という考え方のエッセンスは、以下のとおりです。

- **「企業の存在意義・パーパスに基づいて、目的・目標であるミッション・ビジョンを定義する」**
- **「人財がその企業の目指す存在意義に共感し、企業と人財が成長へ向けて協働する価値基準・バリューに落とし込んでいく」**
- **「それ以外はすべて再構成、組み換え可能という前提で考える」**

さらにコンポーザブルを説明する上で不可欠な、パーパス・ミッション・ビジョン・バリューを整理します。

- **パーパス**……長期的な将来を考えても変わらない、企業の存在意義を示すためのもの
- **ミッション**……企業の目的であり、果たすべき使命
- **ビジョン**……ミッションを通して実現したい将来像であり、自社及びその価値のありたい姿
- **バリュー**……ミッション・ビジョンの価値を具現化する行動をとる際に必要となる判断、価値基準

ここでは、いずれの場合においても、「存在意義を踏まえて将来を考える」という視点に立ち、「パーパス・ミッション・ビジョン・バリュー」と併記していきます。

スイスのネスレは、第1章でも紹介したように、事業活動の原則としてCSVを掲げ、「株主や従業員などすべてのステークホルダーとともに、社会全体のために価値を創造することが企業としての長期的な成功につながる」という考えで、事業を進めてきました。ところが、このような活動を始めた初期のころには、CSVが社内でも唐突であると見なされたこともあり、そこから「目的や意義がわかりづらい、理解するた

めになんらかの施策が必要」という課題が見えてきたそうです。そこでCSVも含めたビジョンを達成するために、2016年にパーパスを策定します。先に紹介したとおり、ネスレは何のためにCSVを進めるのかということを明確に記したのです。具体的には次の一文となります。

「生活の質を高め、さらに健康な未来づくりに貢献します」

パーパスを定めたおかげで、国や地域、事業に関係なく、あらゆるスコープやレイヤーにおける意思決定・判断基準が明確になり、事業においてはもちろん、取引先・株主などあらゆるステークホルダーに対して、プラスの効果がありました。

当時ネスレジャパンの社長であった高岡浩三氏は、「パーパスを掲げたことで、ステークホルダーからの“なぜ”という問いに対する答えが明確になった」と言います。

一方、元々の「ミッション」「ビジョン」「バリュー」、さらに「哲学」や「スローガン」といった別の言葉を用いて、企業のあり方や文化の中で自社の存在意義を発信している企業も多いです。

たとえば、ファーストリテイリングにおけるグループ全体の企業理念を記した「Fast retailing way」、ジョンソン・エンド・ジョンソンの「Credo」、ネットフリックスの「Culture Deck」などは、何度読んでも共感・感動するインパクトの大きいメッセージの中に、存在意義を明確化しています。

冒頭のドラッカーの言葉にパーパスを加えて考えると、「パーパス、ミッション、ビジョン、バリュー以外は、アウトソーシングを含めて再構成・組み換えし続けることができる」となります。そのためのコンポーザブルなアプローチのポイントは、3つです。

〈1．企業の存在意義に沿った将来の方向が「パーパス・ミッション・ビジョン」などとして明示されている〉

・単語としては必ずしも、「パーパス・ミッション・ビジョン」でないとしても、意味合いとして明示され、共有・共感の意識が徹底している。

〈2．「パーパス、ミッション、ビジョン、バリュー」は「共感を得られ、行動を伴うルーチンになり、ビジネスモデルの再構成・組み換えがあっても行動は継続される」〉

・「パーパス・ミッション・ビジョン・バリュー」と整合した戦略に、個々の人が共感を持ってクリエイティビティを発揮できるか。
・それ以外の活動をアウトソースしたとしても、アウトソース先まで「パーパス・ミッション・ビジョン」が共感されて、さらに行動と価値基準が習慣化されているか。
・「パーパス・ミッション・ビジョン・バリュー」が検討され明文化された上で、必要なコミュニケーションが継続して行われているか。

〈3．それ以外は再構成・組み換え可能か〉

これらに対応した企業活動、資源選択、人々の行動支援、顧客体験、バリューチェーンにおけるすべての活動において、再構成・組み換えが続いても「パーパス・ミッション・ビジョン・バリュー」が継承される仕組みとなっているか。そして、存在意義の目指す方向へ成長の道筋を描いていくことが可能か（図表３－１）。

図表3-1 **コンポーザブルスタック**

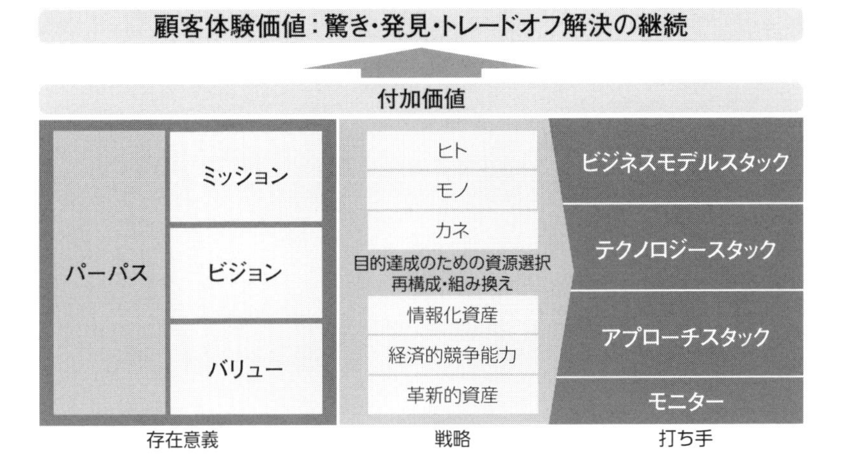

これらがつながり変化が加速し続けていく世界の中で、ビジネスモデルとそれを具体化させる戦略の自由度を高めることで、イノベーションを継続し、成長を継続するために必要とされるアプローチです。

以上の３つを本書では「コンポーザブル」と定義します。

ビジネスモデルスタック·テクノロジースタック·アプローチスタック

ここからはコンポーザブルの全体像について説明します。先ほど述べたとおり、この方法論は、自社が切り拓く未来に向けた、「パーパス・ミッション・ビジョン・バリュー」を定め、それを具体化させるために必要となる戦略の自由度を高めることにより、継続的な顧客価値の向上を目指すというものです。そのためには必要なアセットをそろえ、再構成・組み換え可能な企業体を実現させることが重要です。

企業体を構成する要素に関して、著者は「スタック」と呼んでいます。コンポーザブルスタックは「ビジネスモデルスタック」「テクノロジースタック」「アプローチスタック」「モニター」という４つの要素から構成されています。

ここから順番にこれらの要素を説明していきます。まずは「ビジネスモデルスタック」についてです。

〈ビジネスモデルスタック〉

顧客体験のプラットフォームと価値を創るバリューチェーンの統合・分散について、デジタルを梃子として使い、ネットワーク効果と補完の両面を活用していくことが、付加価値を継続的に拡大させていくためのポイントです。その過程で、従来の業界構造を横断することで、新たな競争と共創の関係性が生まれてくるのです。新たな企業間の関係性の中でも目指し続けることができる価値こそが、その企業における存在意義となります。各企業が存在意義のスコープに沿った成長を継続させることで、従来の業界の枠組みとはまったく異なる競争でもあり、共創となっていきます。これは、それぞれの企業にとってはむしろ自然なことなのかもしれません。

たとえば、第2章で述べた大手農業機器メーカーのJohn Deereは、製造業として価値連鎖や累積生産を行うのではなく、顧客である農家のビジネスを成功させるために気候情報や穀物市況、農地の状態や作付け状況のデータを活用していますが、ここが重要な点です。そのためにソフトウェアを活用する能力や、データを分析する能力を獲得しながら、農業機器メーカーとの競争・共創に加えて、穀物メジャーや保険会社と連携を深めていく流れにあることは、企業の存在意義から見ると自然な取り組みと言えるのではないでしょうか。John Deereは地球という惑星への調和や生命に貢献すること、生産性、収益性、地球のための革新を自社の存在意義、すなわち「パーパス」としています。

この「顧客体験ジャーニーで価値をつなげるということ」と「バリューチェーンの連動と、従来の業界の枠を超えた競争と共創」という2つの方向を合わせたものを「ビジネスモデルスタック」とここでは呼ぶことにします。この2つの方向でビジネスモデルを更新し続けるにはどうするべきかを考え、取り組み続けることが、ビジネスモデルスタックの肝となります。

顧客体験のジャーニーについてですが、John Deereが“農作業”ではなく、“顧客の農業ビジネス”の問題解決に取り組みを展開していったように、顧客視点で考えます。顧客の立場に立ったときに、どのような体験が広がる可能性があるかを想像するのです。そして、その体験に驚き・発見・トレードオフの解決を図る機会を、自社の顧客体験ジャーニーのプラットフォームに加えます。さらにそのために必要となる能力、データ活用、補完プレイヤーとの連携を別ルートで進めていきます。

また、新しい体験価値を加える度に必要となる価値のバリューチェーンの統合も図っていきます。John Deereの例では、農業機器の提供のバリューチェーンでも、農業ビジネス支援のバリューチェーンでも、気候・治水・顧客体験・顧客と利用機器・ツールを使ってデータを活用することにより、価値と価値創りの統合度を増加させることで、効果・効率の改善を更新し続けています。ビジネスモデルスタックにおける2つの方向のどちらにおいても、地球環境に対するインパクトも顧客にとっての価値として含め、その成果がモニターされることで価値が向上し続けるという仕組みです。このように、さらなる付加価値の創出と、顧客にとっての価値が進化し続ける仕組みの更新を継続させていくことがポイントとなります。

〈テクノロジースタック〉

ビジネスモデルスタックに沿って付加価値を高めていく取り組みにおいて重要な点は、ビジネスモデルの変革を連続的に行うということです。その一つひとつのビジネスモデルは、さらに多くの機能の集合体として存在しています。

それらの機能を動かし支援する仕組みを「テクノロジースタック」と呼びます。これは①ソフトウェアで構成されるアプリケーション・スタック、②共通サービス・スタック（API、データ活用、IDなどテクノロジーを共通利用できる形で準備するというもの）、③インフラ・スタック（クラウドなど）、④セキュリティ・スタックという4つのスタックから構成されます。同時にテクノロジースタックは、働く人々に対しても支援を行います。これはバリューの実践であり、働きがい・働きやすさの両面からエンゲージメントを高めていくことも含まれます。

〈アプローチスタック／モニター〉

では、どのように目指すべきところを見極め、作業を進めていけばいいのでしょうか。そして、どのような体制を構築し、能力を働かせていくことで、成長の道筋を掴んでいけばいいのでしょうか。そのための進め方にとって必要となる能力が、アプローチスタックです。アプローチスタックを実行するためには存在意義から考え、未来のあるべき姿から逆算して今から行うべきことをアジャイルに取り組みます。目指すことについて、迅速に顧客に試していくので、最小限の価値セットについてスモールスタートで取り組みます。顧客体験のジャーニーやバリューチェーン一貫の視点で組織横断のチームをつくります。そして、個々が自律して協働するために、透明性・心理的な安全性を共有した上で、挑戦を繰り返すスクラムを活用して進めます。

そして、企業全体の活動をモニターし続けるのです。付加価値を創出する行動につながる指標、成果の両方を数字でモニターし、必要であれば見直しを行う必要があります。このようにして、経営指標、目的指標、行動指標、健康指標（働きがい・働きやすさ）を計測し続けるのです。これについては、第4章で詳しく述べます。

付加価値を通して社会と顧客に貢献し続け成長するキーエンス

明確な目標と企業の存在価値を掲げ、人のクリエイティビティと付加価値の創出に力を最大限発揮させるべく、コンポーザブルなアプローチをとって成長している企業が、キーエンスです。同社を例にとって、具体的にコンポーザブルスタックとは何かを見ていきましょう。

〈すべては付加価値創造のために。キーエンスにとってのパーパス・ミッション・ビジョン・バリュー〉

キーエンスは、自動制御装置や計測機器、情報機器、顕微鏡などの開発や製造販売を行う企業です。自社の存在意義を「付加価値を創造し続けることで、社会に貢献し続ける」と定義し、今まで世の中になかった新しい価値を創造することに挑み、顧客の課題を解決するというメッセージを出しています。同社における新商品の約70％が世界初、業界初の商品であり、グローバルな環境下で成長し続けています。

「本来の目的を見失うことなく行動し続ける」という目的意識を社内外で共有することで、付加価値の高い商品を創造し続けています。後述しますが、付加価値に貢献すること以外は、標準化を徹底し、これこそが同社の付加価値の創造を生み出しています。

キーエンスが提言する付加価値には、大きく次の2つの面があります。

1つは「お客様・社会に対する付加価値」であり、もう1つは「自社における付加価値」です。つまり、これまで世の中に存在していない商品によって、顕在化していない顧客の潜在的ニーズに応える、こんなものが欲しかったと新たな気づきを与えることで、顧客に喜ばれる製品を提供しています。

キーエンスでは、付加価値を「役立ち度」と表現しています。たとえば、商品企画の段階で粗利が80%に達しない場合は、商品価値が低いと見なされ、市場に出すことができません。これは利益が低いからではなく、「顧客や社会への貢献度が低いから出さない」ということで、もっと役立つものを開発する取り組みを推進しています。

企業としての価値基準の徹底と標準の仕組みの活用により、社員がクリエイティビティを発揮して顧客に対して付加価値のある提案を実施することで、他にない商品の提供を継続しています。

そのために、「どのように工夫すれば顧客が喜び、多くの対価を支払ってくれるか」「どうすればコストを削減できるか」を徹底的に考え、その工夫を「企画」として社員全員が考え、仕事に取り組んでいます。これを行うことが同社の価値基準、すなわちバリューであり、それぞれの役割で考えて行動し、成果を上げることにより、社員全員が評価されるという仕組みです。

このように事業の目的が明確であり、さらに以下に説明する制度と仕組みを活用することで、社員は自律し仕事を行います。そして、物事を考え続けることが評価の対象とされるのです。

その制度と仕組みがあるからこそ、同社の社員は付加価値の創造に対して貢献する行動をとることで、成果を上げ続けていくのです。この源泉となるのは、この制度と仕組みであり、これらを実行し続ける企業と社員の関係こそが、コンポーザブルであると筆者は考えています。

＊キーエンスは「付加価値を創造し続けることが企業の存在意義であり、また、そのことによって社会へ貢献する」という考え方の下で、自社ホームページほかでメッセージを発している。「パーパス、ミッション、ビジョン、バリュー」という言葉は使っていないが、この存在意義に沿った目的・目標を掲げ、行動の価値基準も同様に整合させている。

〈ビジネスモデルスタック。顧客のものづくりすべてへの広がりと、ファブレスでのバリューチェーン統合〉

キーエンスでは、顧客である製造業のものづくりのすべてのフェーズへの貢献をスコープとして提供価値を広げ、つなげ続けています。ビジネスモデルスタックにおいて２つの方向性の１つ目である「顧客体験ジャーニーで価値をつなげる」の実践と言えます。特定の顧客や業界にとらわれず、生産フェーズのすべてに対しての工程改善を提案しています。センサーによる生産設備における付加価値の向上が価値となります。工場という現場で、顧客企業が活動する一連の流れに沿って価値提供をしているのです。顧客にとっての付加価値を具体的に見ると、生産性の向上、工程改善、自動化、品質向上、安全性向上、環境対策・省エネなどが挙げられます。このように、顧客の真のニーズを理解することで不要な機能・仕様を避けて、潜在的なニーズのレベルまで探って、顧客にとって必要な商品を提案していきます。

ビジネスモデルスタックの方向性である２つ目の「バリューチェーンの連動と従来の業界の枠を超えた競争と共創」についても見ていきましょう。顧客に提供すべき商品の特性にマッチした技術、生産ラインを持つ工場を選択することで、キーエンスは品質・コスト・スピードの最適化を図り、商品の付加価値を高めています。キーエンスが顧客に提案するのは、前述した顧客にとっての付加価値です。

一方、キーエンスは新規の機能を開発する際にも、過度に最新の要素技術に頼らない企画・開発を実施しています。むしろ最新の部品・技術をできるだけ使わずに、顧客にとっての価値を最大化する開発を目指しているのです。

オーダーに対しては、全世界に向けて即日出荷されます。需要予測と見込み生産を行った上で、材料・素材は基本的にキーエンスが調達し、ボリュームディスカウントした上で、ファブレスの外部企業で部品製造に活用されるため、協力会社にとってもメリットがあります。

一方、製造のカギとなるノウハウは自社で持ちます。たとえば、レーザーの光軸の調整や出荷前の検査手法の装置は、キーエンス社内で開発し協力工場に支給します。必要な新商品の製造工程が難しい場合や製造ノウハウを蓄積すべき場合も、子会社のクレボが製造しています。このように、顧客から得た評価やニーズを企画・開発にフィードバックすることで、より汎用性の高い標準品として改めて開発しているのです。世界初･業界初の商品を「世界標準」「業界標準」としていくことで、キーエンスの商品は顧客に喜ばれ利用されています。

〈付加価値のための標準化とデータ分析・フィードバック。キーエンスのテクノロジースタック〉

テクノロジースタックにおいては、データへのアクセスはオープンであり、基本的に誰でも活用することができます。企業としての業績情報や営業日報なども共有されることで、社員も「ありのままの報告」が徹底され、情報の透明化により主体性や迅速な行動がとれるようになっています。

以下に説明するキーエンスにおける３つのデータベースが、付加価値の創出のために時間をかけ、それ以外を標準化していくということに役立っています。

①顧客のデータベース
顧客の情報であり顧客とのコミュニケーションをより効果的にするために蓄積
②キーエンス商品がどのように顧客に役に立ったかという事例集により、顧客が機能や使い方をどのように喜んだかを情報として蓄積
③様々な業界における製造工程をわかりやすく示した教科書

付加価値の創出に徹していくために、スピードにもこだわります。年度における計画粗利額を全社員の時間で割り、役職ごとに調整した数値を時間チャージしています。これが各社員が１時間に創出すべき付加価値の額となり､この時間チャージ相応以上の成果が社員に求められます。

営業担当者は、以下の4点で評価されます。

①商品価値を最大化させる販売ができているか
②顧客が困っている点や欲しいと思っている機能や情報をフィードバックすることができているか
③顧客に頼りにされ信頼されているか
④付加価値の創出に貢献しているか

同社ではすべての営業メンバーが、どこで何をしているのかを、GPSで把握できるようになっているといいます。加えて、どれだけの時間でどれほどの成果を出しているのかが明確にわかる仕組みが構築されています。

顧客にプレゼンテーションを行う際のフローも、これまでのデータを分析することで、最適な営業活動の流れとスタイルを全メンバーが共有しています。具体的には、成約につながるプレゼンテーションの方法や高評価を得た資料を共有することなどです。驚くことに、どのタイミングでどのような発言をすればよいのかといったような点においても、入念なデータを取得し、全員で共有・活用しています。

〈“すべては付加価値のため”のアプローチスタックとモニター〉

重要なのは、すべての従業員が明確な存在価値や目的意識を把握した上で、日々の業務を進めていることです。すべての行動がモニターされ、データ化・分析されて個々人にフィードバックされることが、個人の活動を支えています。また、同様に、データ分析によるフィードバックは、顧客体験だけでなく、ファブレスかつ統合されたバリューチェーンにおいても活用されています。

同社の過去25年間の平均成長率は10%以上です。2019年度の業績は、粗利益率が82.3%、営業利益率は51.4%です。販売管理費の28%は一見高いように思えますが、それは利益を従業員に還元しているからであり、それを前提としたビジネスモデルであるということです。同社の40歳の従業員の平均年収は1,782万円(2021年度ダイヤモンド社調べ)であり、上場企業の中で第2位にランクインしています。過去10年に平均年収は30%以上伸びているように、人財のWTSを超えるリターンで、働きがいに響く経営が実践されています。

同社はESG、CSVにも取り組んでいます。CO_2の排出量は、2016年から2020年にかけて、4,136トンから2,671トンに減少していて、電気の使用料も7,863MWhから7,431MWhに減っています。これは付加価値の創出を徹底しながら企業活動の標準化とその再構成を進めている成果ではないでしょうか。

キーエンスでは、このように明確な目標や存在意義、価値基準が社員全員に徹底された上で、オーナーシップのあるクリエイティブな社員の価値基準が明確化されたコンポーザブルな行動が実践されています。付加価値に貢献するクリエイティブな行動と、徹底した標準化・省力化と時間をかけない行動との組み合わせにより、コンポーザブルな行動を加速化させています。こうすることで、顧客体験のジャーニーでもある顧客の工場におけるプロセス全体の流れの最適化に貢献するような製品を提供し続けています。そこで提供される世界初の製品を標準化し業界標準とすることで、次の付加価値の創造につなげているのです。提供価値の構成を徹底することで再構成して顧客に提案するという、サイクルを回し更新し続けています。このようにバリューチェーンの各機能がコンポーザブルに連動しているのが、キーエンスの特徴です。

同社においては、経営哲学に対する社員の理解・納得と、価値基準としての「役立ち度」「時間チャージ」がモニターされ、フィードバックされています。その仕組みとしてのデータベース、GPSなどの活用が進められています。従業員は行動と成果で評価されています。自律的に考えて成果を上げていく行動、顧客と顧客が必要とすることを潜在レベルで徹底して理解して提案し続ける行動、さらに付加価値ある設計のための部品や技術の使い方を徹底することと成果です。実践のモニターとフィードバックで付加価値を創出し続け、グローバルに成長し続けているのです。

次に、企業のパーパス・ミッション・ビジョン・バリューが働く人たちに徹底されていることで有名なスターバックスコーヒーを取り上げます。このシステムを支える「ビジネスモデルスタック」と「テクノロジースタック」について見ていきましょう。

＊スターバックスでは、ミッションとバリューのみを定義している（同社ホームページ）。

マニュアルのない会社スターバックスを支え続けるコンポーザブルな仕組み

スターバックスが目指してきたミッションと、リーマン・ショック以降の同社事業の復活が参考になると思います。同社は、ミッションとして、「人々の心を豊かで活力にあるものにするために一人ひとりのお客様、一杯のコーヒー、そして1つのコミュニティから」を掲げていて、地域とそのコミュニティにマッチしたサードプレイスを提供し続けています。その主役となるのは「パートナー」です。

同社では社員・アルバイトをともに「パートナー」と呼んでいます。接客マニュアルはありません。一人ひとりのパートナーが自分の意思で判断し、行動するオーナーシップを持つのが特徴です。パートナーの育成は、現場、店長のリーダーシップに委ねられています。

この育成こそがスターバックスのブランド力の源泉であり、強みです。すべての「パートナー」に対して、のべ80時間、2カ月に及ぶ研修が店舗をベースにして行われます。

働く一人ひとりがミッションを実行していくことができるように人財育成を行っているのです。

〈ミッションと個人の成長が重なりあう、スターバックスのバリューの実践〉

スターバックスには、2つのフィードバックが存在します。「是正のフィードバック」と「強化のフィードバック」です。是正のフィードバックでは、相手を責めるのではなく、どうすれば相手に気づいてもらえるかがポイントになります。強化のフィードバックとは、うまくいったときに、単に褒めるだけではなく、何がどう良かったのかを伝えるというものです。筆者がスターバックスで働く何人かのパートナーに聞いても、同じ意味合いのことをそれぞれが自分の言葉で話してくれるのには驚きました。

第1章でも紹介しましたが、スターバックスでは、パートナー同士がお互いにカードを書いてフィードバックし合っています。一枚一枚に、「Our Values」の一言があり、そこに手書きでフィードバックを書き込んでいくのです。このようにミッション・バリューに沿った行動が、本当に気持ちよく実践されていること、さらに全員でフィードバックを行っていることが、店舗に入るとどこかポジティブな緊張感を感じる、あのスターバックス体験の源泉なのだと思います。

〈顧客体験のジャーニーを受け入れ・広がり続けるビジネスモデルスタック〉

スターバックスでは、企業の存在意義、これに応えるミッション・バリューに対する共感、その意味合いを徹底させる仕組みと理解、納得への投資がなされています。つまり、無形資産への投資がさらなる無形価値を生んでいるのです。そして、この共感により、パートナーが同社のミッションに対して忠実にオーナーシップを伴ったあるクリエイティビティを発揮していることが、コンポーザブルにコミュニケーションと行動を再構成させ、顧客に「サードプレイス」という場を提供し、地域のコミュニティにつなげるという、循環を生み出すことに成功しているのです。

一杯のコーヒーでサードプレイスとしてスターバックスでの時間を過ごす一人ひとりの体験のジャーニーは異なるはずです。観光地にあるのか、大型店舗の中にあるのかといった立地面だけではなく、地域文化や歴史によっても異なるでしょう。スターバックスを通り過ぎていく人々のストーリーは異なりますが、その合間の時間を一杯のコーヒーとパートナーとのコミュニケーションとして使用し、各地域の文化と親和性のある場としてスターバックスの店舗が存在することが、世界中で必要とされ、付加価値を生み続けていることであると考えています。

外食・小売チェーンの多くが、フランチャイズ方式で画一的な店舗づくりを進める一方で、スターバックスは直営店舗を中心に地域ごとに異なるデザインの店舗展開を進めています。スターバックスについての顧客体験のジャーニーの広がりは、それぞれの顧客、それぞれの地域、それぞれの生活・仕事の文脈にふさわしい場を提供することで、新しい価値を生み出していることなのでしょう。

顧客体験のジャーニーは、一人に始まり、一杯のコーヒーに始まり、その地域に広がっています。異なる顧客体験のジャーニーを迎え入れるパートナーによる行動が、各地域、各店舗で、それぞれに実践されているのです。それは、顧客体験のプラットフォームとしての店舗の役割につながる、コーヒーバリューチェーンにおけるグローバルに一貫した仕組みと、データ活用に基づいてアップデートし続けるコンポーザブルな標準の仕組みの確立があるためです。さらに店舗は、顧客体験のジャーニーが地域まで広がっていくプラットフォームとしての存在であり、価値実践を行うパートナーとの補完プラットフォームとしての役割を担うものです。

2020年6月、同社は、聴覚に障がいのあるパートナー（従業員）を中心に、主なコミュニケーション手段として手話を活用し、運営する「スターバックス コーヒー nonowa国立店」をオープンしています。同社ジャパンのCEOである水口貴文氏は、以下のように述べています。

「店舗のコンセプトは“Infinite Possibilities（無限の可能性）”。私たちパートナーの夢を店舗という形にしました。聴覚に障がいのあるパートナーやお客様にとって、ありのままの自分で居られる場所であり、障がいのある若者にとって夢や未来を描ける場所、そしてこの店舗を訪れた誰もが新たな気づきを得られる場所になればと考えています」

顧客にとっても、スターバックスは「気づき」という体験を含め、様々な可能性を感じられる場であると思います。案内の番号、音声認識や指さし注文のタブレットなどの工夫もされています。同社が標準化、デジタル化しているコンポーザブルな仕組みが、これにも貢献しているのではないでしょうか。そして、国立店は他店と同様の収益性を想定していると水口氏は述べています（図表３－２）。

〈コミュニティとパートナーのクリエイティビティを支える、グローバル一貫したバリューチェーンと、テクノロジー活用〉

コーヒー豆から一杯のコーヒーまでグローバルに一貫したサプライチェーン、その標準となる仕組みが、スターバックスにおける顧客体験とコーヒーの品質と店舗のマネジメントを支えています。この地域に根ざした多様な店舗における備品のマネジメントは、グローバル標準の仕組みを活用したものです。スターバックスは、グローバルに展開された３万店の機器を IoT でつなぎ、予測型のメンテナンス、在庫管理や備品注文を検討しているところであるといいます。モバイルサービスに機械学習のレコメンドサービスの導入を進めることで、世界中のパートナーが提供する多様な顧客体験のサポートを更新し続けているのです。

図表3-2　**スターバックスの顧客体験の広がり、バリューチェーンの価値進化**

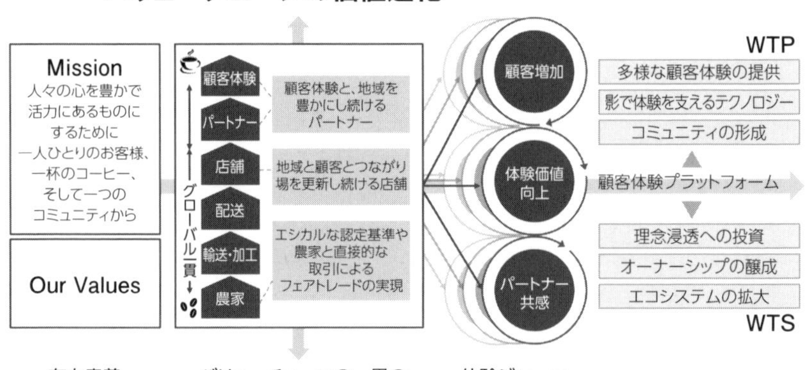

たとえば、多くのコーヒーのバリューチェーンでは、途上国の小規模農家である生産者に価格決定権がほぼなく、取引に多くの中間業者が関係しているため、非効率・高コスト構造の状況にあります。それに対して、スターバックスでは、生産者から直取引を進めることで価格を安定させるだけでなく、生産・流通における様々な認定基準を設けることにより、高品質なコーヒーを継続的に調達し続ける仕組みを更新してきました。そのためには取引における透明性の確保と、コーヒー農家への支援も必要ですが、同社は農家に対するファイナンス支援も行っています。コーヒー豆から一杯のコーヒーに至るトレーサビリティでフェアトレードを実現するなど、ESG 体験を顧客と共有するためにブロックチェーンを活用した透明性の確保もその一環です。スターバックスは、このような支援を 2004 年から続けています。

同社のグローバル CEO であるケヴィン・ジョンソン氏は、人間が人らしくいるために必要な時間を増やす方法として、スターバックス独自の AI プラットフォーム「Deep Brew」の開発・導入を説明しています。標準のエスプレッソマシーン「Mastrena」と連携し、どの商品がどれだけつくれているかという需要予測、在庫補充、機器の故障予測も行っています。

これは、リーマン・ショックの後に経営が悪化した厳しい時期、マシンの自動化を進めた一方で、顧客とのコミュニケーションが欠けてしまい、業績降下につながったという反省から来ているものです。この点に関しては、スターバックスのリカバリーのために復帰した創業者ハワード・シュルツ氏の当時のコメントからもうかがえます。この変革を通し、ミッションに沿った付加価値の創出を顧客と自社の両面で実践していくこと、そしてパートナーのクリエイティビティを支えているマニュアルのない接客を支えるため、ブラッシュアップされた標準が同社のシステムに組み込まれていったと考えられます。ちなみにそのときに掲げられた７つの活動は、次のとおりです。

【スターバックスのセブン・ビッグ・ムーブズ】

・コーヒーの権威としての地位を揺るぎないものにする
・パートナーとの絆を確立し、彼らに刺激を与える
・お客様との心の絆を取り戻す
・海外市場でのシェアを拡大する（各店舗はそれぞれの地域社会の中心になる）
・コーヒー豆の倫理的調達や環境保全活動に率先して取り組む
・スターバックスのコーヒーにふさわしい創造性に富んだ成長を達成するための基盤をつくる
・持続可能な経済モデルを提供する

ミッションとパートナーの実践をコンポーザブルにつなぐバリューは、以下のとおりです。

〈Our Values〉

・私たちは、パートナー、コーヒー、お客様を中心とし、Valuesを日々体現します。
・お互いに心から認め合い、だれもが自分の居場所と感じられるような文化をつくります。
・勇気をもって行動し、現状に満足せず、新しい方法を追い求めます。スターバックスと私たちの成長のために。
・誠実に向き合い、威厳と尊厳をもって心を通わせる、その瞬間を大切にします。
・一人ひとりが全力を尽くし、最後まで結果に責任を持ちます。

3-2 ビジネスモデルスタック

顧客体験をどこまでも追いかける方向と、バリューチェーンに沿った方向、2つの方向にプラットフォームを展開していく

ここまでコンポーザブルスタックの全体像として、キーエンスとスターバックスの例を見てきました。ここからは各スタックにおける詳細を解説していきます（図表3－3）。

まずは、ビジネスモデルスタックです。企業がそれぞれのビジネスモデルをスケールしていくためには、2つの方向があると考えられます。

1つは、顧客体験のジャーニーにおけるつながりの展開。もう1つは、提供価値のバリューチェーンの方向です。

第2章で述べましたが、アマゾンはこの2つの両方でビジネスモデルを更新し続けています。そして、顧客へのこだわりについての価値基準・行動指針であるリーダーシップ・プリンシプルの実践が、ビジネスモデ

図表3-3 **顧客体験の広がり、バリューチェーンの更新**

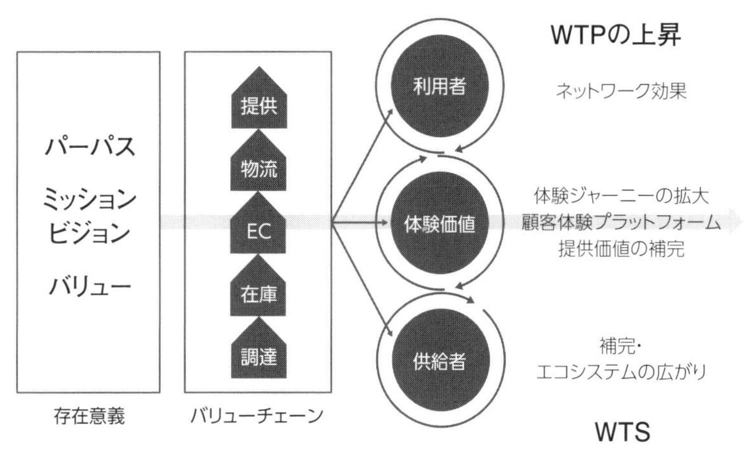

ルとしてアップデートされています。第2章で述べたグレッグのデータ分析に代表されるファクトに基づいたアップデートが継続されています。

繰り返しになりますが、これは「ミッション・ビジョンである顧客へのこだわり以外は再構成・組み換えできる」というコンポーザブルな考え方と、そのために必要とされる標準・情報活用の徹底に基づいています。

アマゾンの顧客体験のプラットフォームは、ECから、コンテンツ、アパレル、フォトサービス、エコー、タブレット、携帯（撤退）へと広がり続けています。同時にそれぞれに補完関係にあるプレイヤーやサプライヤーに対する支援も進めています。ECだと出品者、動画コンテンツだと動画提供者といったように、価値の源泉となる提供者向けにもプラットフォームを用意しています。新たなB2BサービスがIoT機器とデータ支援においても、B2B顧客とともにそれらのデータ活用を進めていくでしょう。

また、音楽、映像、音声、ゲームなどで顧客体験を広げていく、コンテンツクリエイター支援プラットフォームとして拡充していくでしょう。

これは、顧客に提供される価値のバリューチェーンを統合して付加価値を高めていくという進め方であり、前述のEC支援からFBA（Fulfillment by Amazon）やAWS（Amazon Web Services）に展開していくのと同様です。

アマゾンにおけるバリューチェーンは、機能間・組織間・企業間の統合度を高めることでスピード・品質を上げながらも、あえて冗長性を持つことでレジリエンスに対応しています。それとともにコスト・ムダを削減し、廃棄物・カーボン排出を減らしつつ、キャッシュフローの回転を上げ続けています。統合度を高めているのは、情報・データの連携であり、すべて内製化させるという意味ではありません。内製・外製を使い分け、再構成し、製造とエネルギーをつないでいくというように、一連のバリューチェーンをつなぎながら、同時に新たなバリューチェーンを形成しつつあります（図表3－4）。

これまで紹介した企業のビジネスモデルの特徴について、簡単にまとめてみましょう。

アマゾンは、ECのバリューチェーンとして大規模な物流装置を導入することで、FBAにおいてサプライヤーおよび顧客に対する新たな価値として提供しています。第1章で触れた情報活用とデータインタフェースの標準を徹底させるというガバナンスを利かすことで、コンポーザブルなビジネスモデルの成長を具現化し続けているのです。

アップルは、顧客体験のジャーニーをApple IDで統合させることで、オンラインからお店、アプリ活用から修理、中古品回収まで一貫して行っています(これまではハードの数を売ることが成長の源泉)。このように、バリューチェーンをコントロールする垂直統合でありながら、鴻海などへの水平分業を組み合わせてきました。

ネットフリックスは、クリエイターとユーザー両方のプラットフォームであると同時に、コンテンツを制作し提供するバリューチェーンを統合させています。

ミスミは、顧客プラットフォームを持ちつつ、ファブレスの工場を連携することで、迅速な納品を可能するバリューチェーン統合を実現する

図表3-4　**顧客体験ジャーニーをB2C、B2Bともに拡大、価値ごとのバリューチェーン統合レベルを上げ続けるアマゾン**

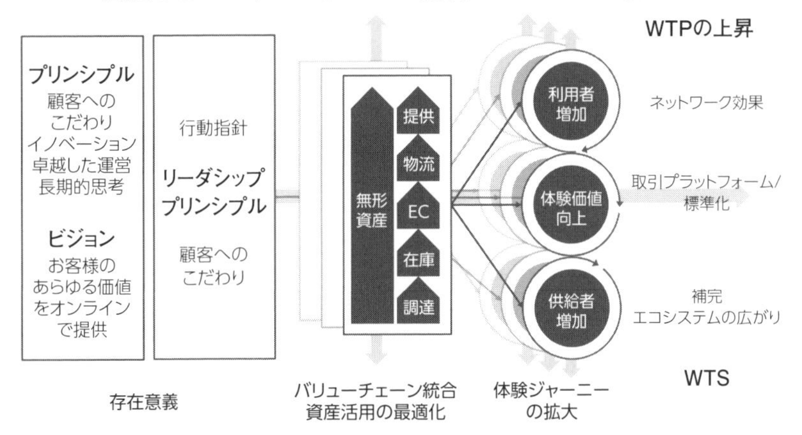

ことで、成長を継続させています。

このビジネスモデルスタックの2つの方向について、次はテスラを例にモビリティビジネスの変革を見ていきましょう。

自動車メーカーではなく持続的なエネルギー転換加速をミッションに掲げるテスラ

テスラは、ミッションとして「世界の持続可能エネルギーへのシフトを加速すること」を掲げています。その一環として、モビリティがある将来像を2006年のマスタープラン1で公開していました。かいつまんで説明すると、まずはスポーツカータイプのEV（電気自動車）を開発する。そのモデルのEVを売り上げて得た利益を使い、多くの人が購入できる価格帯のEVを開発する。このフローを何度か繰り返す。ある程度ユーザーが増えると、ゼロエミッションの発電オプションサービスを提供していく、ということでした。

ご存知のとおり、モデルSからモデル3、蓄電池の事業に至るまで、マスタープラン1のとおりに具体化されています。創業者のイーロン・マスク氏はこの実践を行う際、現状行っていることに対して“引き算の

図表3-5 **モビリティの2つの成長方向（テスラの場合）**

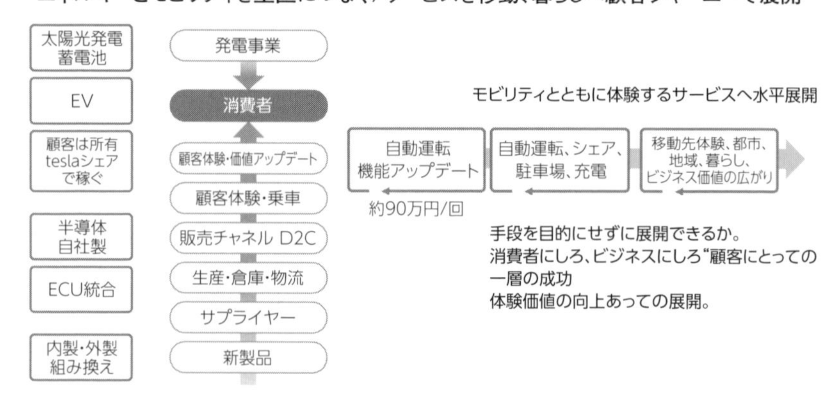

発想”で、価値を試しながら、これらの事業を進めてきていることに言及しています。

まずモビリティとエネルギー事業をつないだ新たなバリューチェーンにおいて、事業の内製化と統合度を高めているのが特徴です。その上で顧客体験の継続的なアップデートを行うことで、顧客との関係性を深めています。ソフトウェアのアップデートに対して課金するビジネスも同時に進めています。2016年に公開したマスタープラン2では、テスラのオーナーがシェアを目的としてその車を貸し出すことで価値を高めるといった、顧客の体験ジャーニーへの拡大も実施しています。

テスラは創業以来赤字を続けていましたが、ついに2020年通期1～12月で黒字を達成しました。カーボンクレジットを除いても黒字を達成し、これに呼応したかのように時価総額は7,666億ドル（2021年9月23日）に達し、トヨタを超えて業界トップ、グローバルベスト10にも入っています。テスラの特徴を挙げるとすれば、モビリティ企業としてのバリューチェーンの垂直的な統合度を上げつつ、外製から内製へシフトしています。また、顧客体験を常にアップデートすることで、それを付加価値とするビジネスモデルを実現しつつあります。さらにバリューチェーンに関しては、Powerwall蓄電池事業と太陽光発電と連携したかたちへと拡張しています。このように、創業時からのミッションを着実に実現させています。

「バリューチェーンに沿う統合」という説明をしましたが、たとえば電池もパナソニックとのパートナーシップから、中国CATL社の高価なコバルトを含まないLFP電池活用に転換しています。そうすることで、モデル3ではコスト削減を進め、キーとなる部材も外製で試しながら内製へ転換するなど,機能構成をコンポーザブルなものにしています。これも再構成・組み換えを前提としたビジネス展開と言えるでしょう。

さらに、テスラは顧客体験のアップデートによるビジネスを確立しつつあり、以下のような顧客体験のジャーニーを広げる取り組みを継続して行っています。

・オンラインでの購入体験

・顧客とのコミュニケーション（更新案内やイーロン・マスク氏のTwitterもこの一環）
・OTA（Over The Air）によるアップデート（海外では2021年1月～10月までにマイナー含む117回実施。国内は11回）
・ソフトウェアアップデートによる課金モデルの具体化（FSD*）
・車載チップの統合（ECU統合*）
・機能の外部・内製化の移行を可能にする設計
・デジタルツイン*シミュレーションによる開発生産のマネジメント

＊FSD（Full Self Driving）はこれまで1万ドル買い切りだったが、2021年7月から月額199ドルのサブスクリプション提供もされた。さらに、ネットフリックス，スポティファイ体験、安全・安心、保険も含めて体験価値を広げている。
＊ECU（エンジン・コントロール・ユニット）も統合ECUとボディ系3つのECUに統合し、AI処理プロセッサを自社開発することで統合度を高めたテスラは、このビジネスモデルを定着させつつある。
＊デジタルツイン：IoTやAI、ARなどの技術を用いて、仮想空間に物理空間の環境を再現し、あらゆるシミュレートを行い、将来を予測することに役立つ新しい技術。

バリューチェーン一貫のデータをエンジニアが使い、フィードバックする事例は、アマゾンで実践されてきたことと同様です。このようなバリューチェーンにおける個々の機能を再構成し、組み換えることで、テスラ車の購入後に継続的に提供されるOTAによる体験価値を提供しているのです。このようにテスラはコンポーザブルな進め方を実践していると言えます。

もう1つ、テスラにおいては重要な点があります。テスラ車が持つ機能として、ハードウェアとソフトウェアが独立して更新できる、まさに再構成可能な構造になっているということです。そして実際に走行するモビリティのデータが、テスラにフィードバックされ続けています。

ここまでのポイントをまとめると以下の3つとなります。

・OTA実現で、ソフトウェアによる付加価値の創出を具体化
・バリューチェーン統合による価値転換と成長の道筋
・デジタルツインの徹底による開発、生産のマネジメント

テスラは、「未来を描き、その課題を解決する」というミッションを掲げて実践してきました。イーロン・マスク氏は「最初から多くをそろえることよりも引き算で進めていく」と述べています。量産が難しい初期には、高級なモデルSを環境意識の高いプレミア層をターゲットに販売しました。その後、量産化に際しては、より生産性を考えて、電池のパートナーを変え、顧客とのコミュニケーション体験とOTAの連動を図り、モビリティの統合度を高めつつ、進めてきました。目指す未来から逆算し、そのタイミングにおいて可能なことを実施しながらも、目指すところへたどり着くように実践してきたと言えるでしょう。これは再構成・組み換え続けていくビジネスモデル・テクノロジーのコンポーザブルな考え方が実践されているとも言えます。

テスラのように成長、アップデートしていくことを前提に、事業を引き算で考えることで着手点は見えてきます。その前提として、存在意義やミッションを掲げた上で目指すところへ向けて戦略を練り、それを更新し続けることが可能であることを示してくれているのではないでしょうか。

テスラの特徴である顧客体験の継続と、バリューチェーンに沿った成長。この2つの実践を行うことで、テスラはつながる世界の本質を捉えたビジネスモデルを実現しつつあります。さらにハードウェアのバリューチェーン統合と顧客体験の広がりと体験価値をビジネスにすることに成功したことで、多くの人たちが同社の成長を期待しているのではないでしょうか。ちなみに2021年9月時点でアップルのPBRは36、テスラは31になっています。

3-3 テクノロジースタック

テクノロジースタックとは

ビジネスモデルスタックの２つの方向に沿って付加価値を高めていくという取り組みは、先ほど説明したとおり、ビジネスモデルの変革を連続して行うという点にあります。また、その一つひとつのビジネスモデルは、多くの機能の集合体として存在しています。

その機能を動かし支援する仕組みを、ここでは「テクノロジースタック」と呼びます。テクノロジースタックは、①アプリケーション・スタック、②共通サービス・スタック（API、データ活用、IDなどテクノロジーを共通利用できるかたちで準備するもの）、③インフラ・スタック（クラウドなど）、④セキュリティ・スタック、という４つのスタックから構成されます。それを図示したものが図表３－６になります。

この中で、特に重要な共通サービス・スタックの中のAPIについて

図表3-6 **テクノロジースタック**

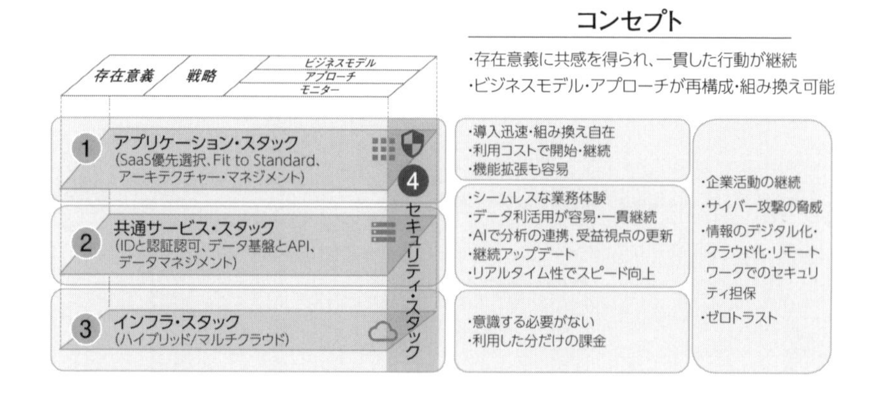

配車アプリ「Lyft（リフト）」とホームセンタービジネスを手がける「カインズ」の事例を交えて説明します。これらの事例を通してテクノロジースタックとコンポーザブルとの関係性が概観できると思います。

APIで広がるコンポーザブルな変革の可能性

ビジネスモデルをコンポーザブルなものとして再構成し続けていくために、すべてのアプリケーションを自社で開発し、揃える必要はありません。APIという仕組みが存在するためです。APIとは、Application Programming Interfaceの頭文字を取ったもので、世の中にある多くのアプリケーション、ツール、データ、各種テクノロジーサービスを接続する仕組みです。第1章で述べたアマゾンの「Bezos Mandate」が標準のインターフェースであり、APIが普及する起点となっています。

APIを活用することにより、多様なビジネスサービスが連動するだけでなく、新しいサービスやスタートアップ企業が登場しています。

たとえば、ウーバーの後発でライドシェア事業を2012年に創業したサンフランシスコのスタートアップ企業「Lyft（リフト）」は、地図に関するアプリケーションとしてグーグルマップを使用しています。決済のアプリケーションはストライプのサービスを使用し、インフラとなるクラウドはAWSを利用しています。他社のAPIを活用することで、自社のコアコンピタンスである「ドライバーと乗客のマッチングに関する」ソフトウェアの開発にリソースを集中しています（図表3－7）。

多くの企業がこのような外部連携を上手に活用することで、ビジネスモデルや社内の仕組みの再構成・組み換えを迅速に進めています。

さらに重要なのは、外部とAPIでつながり、ビジネスモデルを構築していくためには、他社のビジネスとの連携を考慮し、世の中の標準やデファクトスタンダードのソフトウェアやサービスを採用して使うということです。そのためには、社内のシステムの迅速な組み換え・機能拡張に対応できるように各機能の独立性を高めておくことが重要です。これが、後述するアプリケーション・スタックの考え方であり、共通とな

図表3-7　**API活用例:配車アプリ「Lyft」の選択と集中**

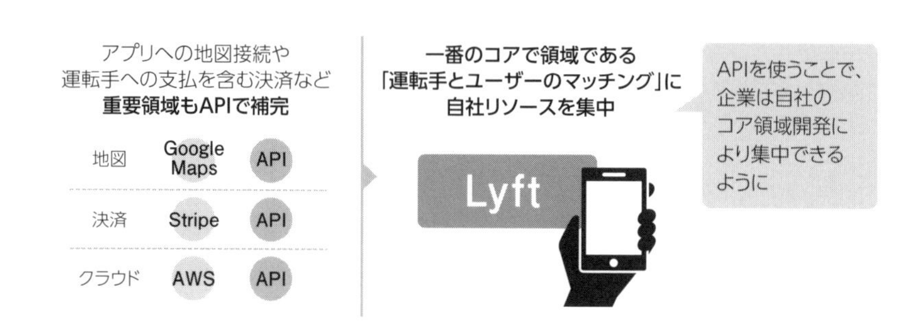

るサービス・スタックを準備する理由の1つです。

API を使用した事例をもう一例ご紹介します。

〈世界を日常から変える。IT 小売企業カインズの API 活用による迅速な変革〉

ホームセンタービジネスを手がけるカインズは、今を第三の創業期と位置づけ「IT 小売企業宣言」を掲げることで、ビジネスモデルの改革に着手しています。ちなみに 2019 年度には業界首位の売上を記録しています。

カインズの無形の強みは「お客様志向が社員全員2万人に徹底されていることである」と高家正行社長は述べています。カインズの社名の由来は「カインドネス（kindness）」という言葉であり、「お客様に対する親切や思いやりを提供する」という思いが込められています。これは同社やワークマンなどが所属するベイシアグループの理念「For the Customers」がベースとなっている考えです。

カインズでは、第三の創業期を進めるにあたり、ビジョン・バリューを再定義しています。「世界を日常から変える」というビジョンを掲げ、コアバリューとして、以下の３つを挙げています。

・Kindnessでつながる
・創るをつくる
・枠をこえる

カインズはこのビジョンに基づき、コーポレートトランスフォーメーションに挑んでいます。つまり、本書で考えるコンポーザブルに成長し続ける変革であると考えているのです。2019年に外部から招へいされた高家社長が進める「プロジェクトカインドネス」として、「SBU戦略」「デジタル戦略」「空間戦略」「メンバーへのカインドネス」の４つを挙げています。

これは、本書の趣旨では、コンポーザブルに顧客体験のつながりで商品を考え直し、カインズという場で、付加価値の成長を実現させるための「資源配分を組み立てていく戦略」と「デジタルを梃子に迅速化していく戦略」の組み合わせであると考えることができます。このようにして、カインズはコンポーザブルな変革をテクノロジースタックにより、迅速に具現化しているのです。

具体例を挙げると、顧客対応を迅速化し、店員が専門でなくても何がどこにあるかわかり、すぐ誘導できる仕組みであると同時に、棚割りの更新にも使える店員向けの仕組みでもあります。さらに、ここで構築した同じ構造を顧客自身が欲しいものをすぐ見つけることができるスマホアプリとしても採用しています。

カインズはこのようなシステム開発を自社で内製化するために、社外からデジタルビジネスに明るい人財を採用しています。また、デジタルチームの組成に向けて一からエンジニアを採用し、カインズテクノロジーズ社を立ち上げました。

カインズにとって、ビジネスの変化が激しいフロントの顧客向けアプリケーションやデジタルサービスを素早く開発して提供し、継続的に機能追加・改善を行っていく必要がありました。そのためには、現場のビジネスを理解する社員と素早く自社でアプリケーションを開発することができる内製化チームを組み合わせて、デジタルビジネスを展開する必要があったのです。

テクノロジースタックにおけるAPIを活用した事例は、以下のようなものです（図表３－８）。

前述したカインズにおける顧客向けの商品検索アプリと、従業員向けの棚割り・業務管理アプリは、用途の異なるエクスペリエンス層のアプリケーションは分けているものの、各種計算を行うプロセス層とデータを取得するシステム層は共有です。その上で、在庫、POS、予約のシステムのデータをそれぞれ活用する仕組みをつくっています。この仕組みにより、情報はリアルタイムに反映されつつ、それぞれのシステムの更新も個別に行い、新たなAPIを組み合わせていくことが可能になっています。このように一つひとつのAPIはシンプルな機能でつくられているため、データの取得や検索などの機能を相互に呼び出せるので、カインズは「ビジネスの変化に合わせて機能を組み換えていく」というコンポーザブルな構成を維持するために有効なアプローチを実践することができます。

図表3-8　**APIで目的別に機能を再構成・データ更新に活用**

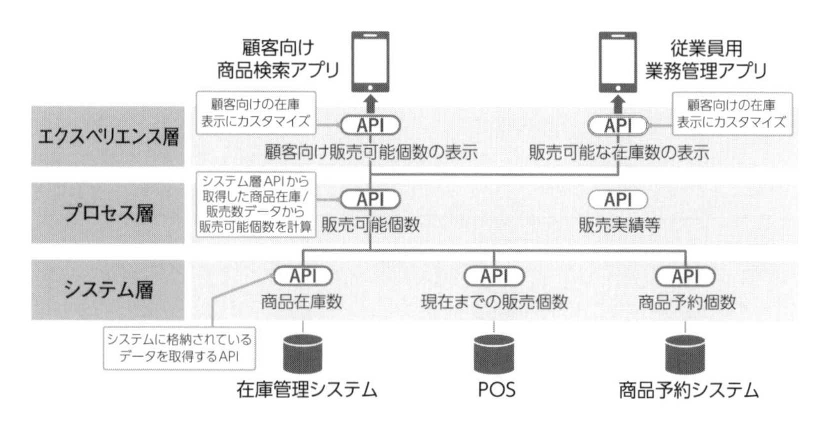

出典：「日経コンピュータ」2020.6.25、「日経XTECH」2020.12.01、「ダイヤモンドハーバードビジネスレビュー」2020年11月号をもとに作成

ちなみに私たちが日常的に使っているインターネット、ウェブのトラフィックの83%は、API経由だと言われています。

このように、APIにより企業の目指す方向へ向けて必要とする機能やプロセスを再構成・組み換えし続けることが、可能になりつつあります。

また、コンポーザブルにテクノロジー活用をするためには、APIだけでなく、アプリケーション、共通サービス、インフラの各スタックを使用した標準、標準間のインターフェース、非標準の扱い、これらのルールとそれを徹底させるガバナンスを準備していくことが必要です。

テクノロジーをコンポーザブルに活用することができれば、ビジネスの現場で直接必要となる機能やアプリケーションを導入・組み換え・機能拡張を迅速に行うことが可能になります。そのために標準機能を組み合わせて使うことを最優先していきます。共通機能をあらかじめ用意し、その利用によりビジネス現場の機能開発の負荷を低減しながら顧客体験のジャーニーを迅速につなぐことで、これを支援する業務体験の実現を支えていくというサービスです。さらに、ビジネスモデルをコンポーザブルに再構成・組み換えながら成長させるために、テクノロジーのインフラの維持・管理を意識することなく、担当者がコスト管理やサービス品質などのビジネスに集中できるように前もって準備しておく必要があります。

以下、テクノロジースタックの重要な点を補足していきます。

アプリケーション・共通サービス・インフラ・セキュリティの4つのスタック

ここまで述べてきたとおり、変化しつながり続ける世界において、企業は、顧客体験のジャーニーを拡大させ、バリューチェーンの統合度を高めることで、価値向上と顧客にとっての我慢を最小化させながら成長していく機会を実現しようとしています。そのためにはビジネスにおける機能構成、内製・外製、ビジネスモデルのプラットフォームを再構成し、組み換えながら、自分たちが目指すべきことを他のスタッフに対しても継承していく必要があります。
それらを実現するために、ビジネスやシステムの機能とデータの標準化、ならびに各機能の独立性を徹底させた上で、組織における柔軟性とガバナンスを両立させる必要があります。
そして顧客に価値を提供する体験という接点において、価値提供を人が実践する場合でも、システムが実施する場合でも、最も高い価値を発揮させるためには、人の我慢と煩わしさを最小化させるテクノロジープラットフォームの準備が必須となってきています。
その実現のために、図表３－６にあるように、4つのスタックに分けてテクノロジー活用のコンポーザブルを具現化させるのです。企業が自社の存在意義たるパーパス・ミッション・ビジョンに基づき、バリューを徹底するための仕組みをつくることで、ビジネスモデルの再構成・組み換えも進めることができるのです。同時に、働き手が自由で多様なクリエイティビティを発揮しながら、企業と個人がともに成長を継続することができることになると筆者は考えています。

（1）アプリケーション・スタック

ビジネスの現場で直接必要な機能やアプリケーションに関して、それらを迅速に導入・組み換え・機能拡張することを可能にします。そのために標準機能を組み合わせて使うことを最優先していきます。具体的に重要となる点については後述します。

（2）共通サービス・スタック

これまで各個別のシステムに組み込まれていた共通利用可能な機能を独立分離させた上で、新たに共通サービスとして提供します。これは、ビジネス現場における機能開発の負荷を低減しながら、利用体験の向上を実現させるためのサービスです。API、ID、データ基盤、データマネジメント、コンポーザブルにとって重要な分野となります。これらについては、それぞれ後述します。

（3）インフラ・スタック

ビジネスモデルのスケール加速を支えるインフラ・スタック。インフラの維持・管理を意識する必要がなく、コスト管理やサービス品質などのビジネスに集中できるように準備します。これはネットフリックスのようにクラウド活用によって、サービスの成長に応じてユーザーからは意識せずにテクノロジーインフラが対応することを想定するものです。

（4）セキュリティ・スタック

自在に再構成・組み換えるコンポーザブルにとって、セキュリティは必須です。それぞれのスタックにおけるセキュリティを担保するために、前記の3つのスタックを横断して準備します。

以下、各スタックの主要な点を補足していきます。まずアプリケーション・スタックから説明します。

アプリケーション・スタックにおける標準能力の徹底活用

（1）SaaS優先導入

どのような企業にも必要であり、共通的な機能としてのSaaS（ソフトウェア・アズ・ア・サービス）を優先的に利用します。これにより自社開発にかかる時間とメンテナンスにかかる手間を省くことができます。SaaSだと、その機能が不要になった際に、「システムを捨てる」という選択肢も採りやすくなります。SaaSは、サービス品質やデータの保存先、運営企業の信頼性などを勘案し選択されますが、その際、定義されたSaaSリストから選択・標準機能によって導入することが原則となります。

（2）Fit to Standard

SaaSを導入する場合は、「デファクトスタンダードの利用」と「SaaSのカスタマイズはしない」という2つの原則があります。これはコンポーザブルを具体化させるために大切な考え方です。

・世の中でデファクトスタンダードになっているSaaSを選択することで、突然のサービス終了などのリスクを低減します。その際、社内で標準に利用するSaaSを定義する必要があります。アーキテクチャーマネジメント・オフィス（後述）で標準の徹底と、非標準・新規利用の審査と導入可否を決定し、標準の見直しも行っていきます。

・SaaSをカスタマイズせず、可能な限り標準機能のまま導入します。SaaSの機能に業務を合わせることを基本にします。その際、SaaSの機能向上や進歩、バージョンアップの恩恵を受けられる状態を維持することが重要です。こうすることで、カスタマイズを行うことでSaaSを廃止する場合、「廃止できない」という状態を防止することにもつながります。

・アプリケーションを個別に構築する場合は、マイクロサービスを活用します。互いに独立した機能の最小コンポーネント、プロセスに分割細分化したものがマイクロサービスであり、この組み合わせを活用するためのアプローチです。これにより、アプリケーションを再構成・つくり替え、機能拡張や変更が迅速にできるようになります。分割することだけではなく、管理を徹底することで最大限活用することができます。

アプリケーション・スタックのアーキテクチャーを押さえてこそ、未来へつながる

（1）コンポーザブルなアーキテクチャーを維持するためのガバナンス構築

コンポーザブルなアプリケーションを活用するためには、全体のアーキテクチャーを維持する必要があります。これは標準の徹底であり、非標準や新しい機能を導入する際のマネジメントです。そのガイドライン

を作成し全社で共有させることで、その意味や意義が仕組みの末端から末端まで理解され、正しく維持活動が運用される必要があります。そのために以下を進めます。これが大変であり、かつ徹底が難しいことは、携わったことのある多くの人が経験していると思います。

（2）アーキテクチャー・マネジメント・オフィス

アプリケーションアーキテクチャーを維持するためのアーキテクチャー・マネジメント・オフィスを設置し、組織及び人財を配置し、全社のアーキテクチャーの維持に努めます。これをリードする人財であるアーキテクトが重要です。主に以下のことを行います。

・企業ITアーキテクチャー戦略の立案とリーダーシップ
・企業ITアーキテクチャー全体像の現状把握と将来像の作成
・計画目標とのギャップ分析、評価、課題の抽出、具体的な施策の立案
・アーキテクチャーロードマップ、移行計画の作成と管理
・プロジェクトの管理、推進
・ガイドライン、ルールの作成と方針維持
・アーキテクチャー変更管理
・アーキテクチャー監理・監査
・現行IT資産の見える化、一覧化、ライフサイクル管理
・コスト管理（ランニングコスト、投資コストの比率ほか）
・アーキテクチャー指導（現場支援）・啓蒙・教育
・例外対応と管理、現場相談
・アプリケーション・スタックに限らず、後述の共通サービス及びインフラ・スタックのアーキテクチャーの維持・管理も実施

共通サービス・スタックで、データ活用と企業の能力活用のコンポーザブルを推進

企業の各システムで必要となることが想定される以下のような機能は、個別に開発・組み込みを行わず、共通サービスとして提供すること

で新しい仕組みの導入が加速されるだけでなく、投資も最小化されていきます。また、共通サービスを分離、利用させることで、コンポーザブルな再構成・組み換えを容易にします。

共通機能の主要なものとして、認証認可、データ連携、データ基盤、コミュニケーション基盤、電子署名、帳票生成、データアーカイブ、ワークフロー、確証保存、マスタ管理配信などが分離するべき機能の候補として挙げられます。

（1）IDと認証認可：受益者への体験価値を高め、ビジネスモデルのスケールを加速する

IDフェデレーションと呼ばれる、複数のITサービスを利用する際において、別のシステムやサービスで認証されている場合には、再度認証画面を表示しないシングルサインオンの仕組みを使うことで、1つのIDで複数のサービス・システムを利用可能にしていきます。

この際、利便性と引き換えに、1つのIDを漏えいした際のリスクが跳ね上がるため、後述のセキュリティ強化が必須となります。

一方、この機能によって企業内の多様な機能が連動することで、たとえば個別の顧客における生涯通してのサービス履歴や、顧客接点での行動を分析したりするといったようなことが可能になります。共通サービスを分離、利用することを標準にすることにより、各機能の独立性を維持し、組み換え続けることを可能にします。

（2）データ基盤とAPI、データ仮想化

共通のAPIなどの連携の仕組みによって、各システムからのデータが収集・統合された状態を管理することで、人や個々のシステムが必要なデータに対し、常にアクセス可能な状態を維持していきます。

企業全体の活動をモニターし、会計的な経営指標、人財のマネジメント、顧客体験等の行動データ分析によって可視化、洞察を導き出し、将来シミュレーション、新たな実態の発見、アジャイルにPDCAを回し続けた学びから新たな付加価値を創造し、成長継続の源泉とします。

そのために、データ基盤の基本機能は企業として共通のITサービスとして提供していくことが重要となります。具体的にはデータレイク、データウェア、データマート及び分散データベースからデータを抽出、転送、加工するためのデータ連携基盤（ETL*・EAI*及びAPIで構成される）などで構成していきます。

＊ ETL：Extract（抽出）、Transform（変換・加工）、Load（書き出し）の略。組織の内外に散在するデータを抽出・収集し、用途に応じて変換・加工して、分析できるように格納する機能。
＊ EAI：Enterprise Application Integrationの略。異なるシステム間でのデータ連携をスムーズにする仕組み。

また、従来はこのデータを統合して活用するために多様なシステムからデータをコピーして集めてきたため、時間がかかり、エラーや不整合の危険性が増すなどの実態がありました。

これに対して「データ仮想化」という、物理的なデータの複製を伴わない技術によって、様々なデータソースから直接データを収集し仮想的にデータを統合することで、リアルタイムにデータ分析を行い、精度の高い活用につなげていくという方法も進んでいます。

図表3-9　**共通サービス、ID、認証・認可**　**例:体験の入り口としての生体認証**

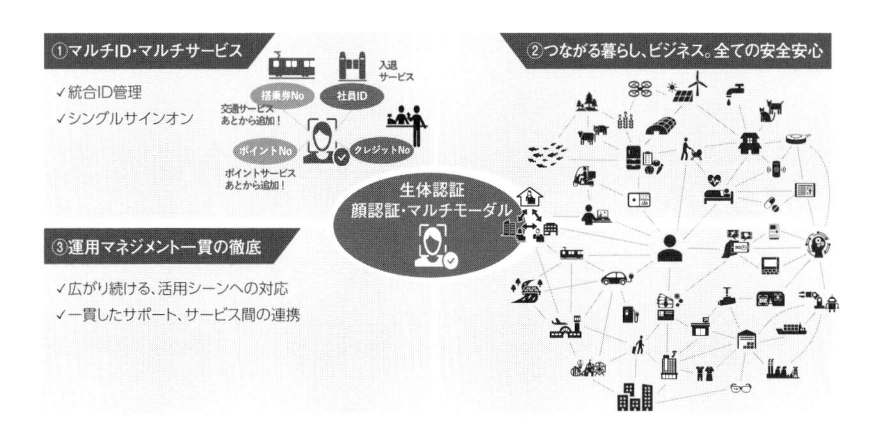

(3) データマネジメントで、機会損失を防ぐ

つながり続ける世界で、コンポーザブルに再構成・組み換えを継続するビジネスモデルを構築し、新たな価値創出・価値更新を行うためには、ヒト・モノ・コト・キャッシュの行動や振る舞いをデータとして学習・分析することが必要不可欠です。第4章で後述するデータサイエンティストやトランスレーターが、そのデータ分析によって顧客の体験価値やバリューチェーンの品質・スピード・コスト効率に貢献しています。

この際、大量に発生するデータをどのように収集し、どのようなプロセスで管理し、データの品質を維持すればよいかが重要になっています。一方、データは各現場におけるビジネス活動やシステムの処理によって発生するため、現場に都合の良い状態で保管、加工、利用される状況が長らく続いてきました。そのため、一般的な企業において、各ビジネスにおけるデータが明確に意味づけ・定義され、メタデータが管理されていることは少ない状態にあります。また、データの種類、意味、定義もバラバラかつ不統一な状態で、一連のプロセスや機能、受益者の体験として活用できないことが多くあります。さらにデータ化されていないことも多いでしょう。

データが使えない状態とは、データを利用した付加価値創出が不可能であることを意味し、現代においては機会損失が常に発生している状態であるとも言えます。

＊ NECの関連する先進AIソリューションについては、106ページのコラム③「組織と人の能力を引き出すAI（人工知能）の最前線」を参照。

そこで、データが常にユーザーが利用可能な状態を維持させるために、データマネジメントを専門とする組織（DMO、データ・マネジメント・オフィス）、人財によるガバナンス構築と継続実践も必須となってきています。逆に言えば、以下のような役割を果たすことで、データ活用が効果的なものとなります。

・データを蓄積し、データを維持する仕組みの構想と構築

・ガイドラインやルールを定め標準を管理徹底
・データ構造を可視化、モニタリングすることで異常を検知し修正
・データの意味を管理し、解釈を統一
・現場におけるデータの活用を支援
・現場におけるデータの正しい取り扱いについて指導・教育
・データオーナー、データ管理体制、責任の明確化
・社内外の新たなデータについてのステークホルダーとのコミュニケーション

ビジネスモデルのスケール加速をクラウド活用で支えるインフラ・スタック

ビジネスモデルの更新、迅速なスケールのためには、これらに対応し続けるシステムが必要です。そのために、システムは変更・追加の要求に対して即応可能な状態で構成されることが前提となります。その上でクラウド利用を優先的に検討するのです。そのためには個人情報などのデータ保護観点、セキュリティの観点を考慮し、最適なクラウド選択、マルチクラウド構成を検討する必要があります。コスト、機能性、性能性、拡張性、可用性*、責任範囲、セキュリティ、運用性・維持、運用性・障害対応の観点から、クラウド構成が適さない場合は、オンプレミス*の構成またはハイブリッドクラウド構成を検討していく必要があります。さらに短期でのコストと中長期での投資のバランスも重要になってきます。インフラ選択の要諦は、共通ガイドとして定義し、全社共通で運用しガバナンスを維持していきます。

*可用性：システムやサービスが使えなくなったり、停止したりせず、利用し続けられる状態を維持できる能力や度合いのこと。
*オンプレミス：サーバーやアプリケーションなどの情報システムを、企業が管理している施設構内に設置して運用すること。

クラウドを利用するメリットとしては、即日導入･利用が可能であり、利用した分だけのコストでよく、不要となった場合は利用を停止すればシステムを閉じられるという点にあります。さらにフルマネージドサー

ビス*を利用することで可用性の担保やセキュリティ対策などをクラウド事業者に負担を転嫁できること、機能や性能が日々進化し、買い換えや追加の投資が必要ないことなどがメリットとして挙げられます。

*フルマネージドサービス：性能の調整、メンテナンスや障害対応、原因調査などの業務を一括して任せられるサービス。

この考え方に基づき、先に触れたネットフリックスでは、多様なAI分析機能と急速に拡大するデータ量へ対応するためにAWSを活用しています。ショッピファイでは、カーボンニュートラル達成のため、データサーバをGoogle Cloudへ移行しています。また、スターバックスでは、コーヒーのバリューチェーンのトレーサビリティとESG体験を顧客と共有する仕組みとして、ブロックチェーンを活用しています。さらに、スターバックスというマニュアルのない会社のコンポーザブルな標準を組み込むために、Azureクラウドを活用して、グローバル3万店の機器をIoTでつなぎ、モバイルサービスに機械学習のレコメンドサービスを導入しています。

各社の導入事例からもわかるように、どうしても社内のオンプレミスの構成を選択する場合は、拡張性及び将来にはクラウドへシフト可能な構造にすることで構成をしていきます。

繰り返しになりますが、インフラ選択の要諦は、インフラ構成の共通ガイドとして策定した全社一貫の運用により、ガバナンス（推奨しない構成のインフラが選択され、コンポーザブルな構成を崩すようなことがない状況）を維持することです。デジタルを梃子にコンポーザブルにテクノロジー活用を推進するための共通基盤としては、「スピーディ」「再構成」「組み換え可能」な状態を維持することが重要です。インフラの選択、構成もアプリケーションなどの論理構成と同様に、コンポーザブルな構造を維持するために必要な仕組みの選択とガバナンスの維持を軸として検討していくことが重要となります。

セキュリティ・スタックの前提の上で、コンポーザブルな可能性が広がる

(1) 企業活動の継続の視点と、情報のデジタル化・クラウド化・リモートワークを進める上でのセキュリティの必要性

第1章で述べたとおり、企業の多くの資産は、知的財産権（IP）やその他の無形資産で構成されています。また、情報資産の「デジタル化」の急速な拡大に伴い膨大な情報がデータ化されるため、企業リスクの「デジタル化」も進んでいます。デジタルを梃子にした変革の推進に不可欠なクラウド化の加速や、リモートワークの普及という働き方など、ネットでつながり続ける世界の中においては、経済目的でのサイバー攻撃が激化し、多様性が増している脅威を完全に防ぐことは困難になりました。

企業は、IPや経営情報の喪失、データの破壊や改変、社会的信頼の低下、重要インフラにおける障害、罰則の強化といったリスクにさらされており、こうしたリスクの一つひとつが、顧客、従業員、株主価値競争力に悪影響を及ぼす危険があります。

(2) サイバー攻撃の脅威・インシデント（事故や事件）

まず、高度化・巧妙化するサイバー攻撃です。システム同士が相互かつ複雑に接続するようになったため、組織にとって自身のネットワークのみのセキュリティを確保するだけでは、もはや十分ではありません。ベンダー、サプライヤー、パートナー、顧客など、企業とネットワークを介して接続されたすべての組織・事業者が、潜在的に脆弱なポイントとなる危険があります。

次に、重要情報（個人情報、知財、企業の競争力に関わる情報）の漏洩と、重要インフラ分野（ライフライン）の機能停止があります。

企業は、個人情報、商品・サービスの情報、営業戦略・マーケティング戦略、経理・会計情報、人財情報などが外部に流出することで、社会的な責任を問われたり、ブランド価値を棄損、競争力を失わせるなどの影響を及ぼすリスクを持っています。また、企業がサービス提供のため

に使っている情報システムの運用に関する機密情報が漏洩することで攻撃者に攻撃の機会を与え、情報システムが停止するなど、国民生活にも影響を与える危険があります。極秘のレベル、社外秘、公開情報の定義は、ルール・コンプライアンス順守を前提として、リスクとメリットを考えて一元的に管理していく必要があります。このように、企業が保有する重要資産および非常に機密性の高いカテゴリーに属する情報について、議論が必要となってきています。たとえば、次に挙げる問いに答えることが必要です。

- 自社の最も重要な情報資産は何か？
- 自社が保有する機密性の高い情報は何か？
- ビジネスの柱や屋台骨は何か？　ビジネスに使用されている情報システムは何か？
- それらはどこにあるか？ 1つまたは複数のシステムか？
- データにはどのようにアクセスするのか？ アクセス権限を持っているのは誰か？
- どの程度の頻度で自社システムのデータ保護性を試す脆弱性検査を行っているか？
- ビジネスモデルや戦略にセキュリティが織り込まれているか？
- セキュリティに関する事故や事件のインパクト
- 企業ブランド価値、評判の失墜、国民生活または社会経済活動に多大な影響があるものは何か？
- 罰則強化（GDPR違反の制裁金など）

　情報漏洩によってもたらされる潜在的な影響があるものは、情報の消失・破壊の場合よりもはるかに大きいものとなります。サイバー攻撃を受けると、組織のレピュテーションやブランドに深刻な影響がある危険があり、情報消失自体よりも、それを開示するタイミングや広報といった、より間接的な要因のほうが大きな影響をもたらす危険もあるからです。サイバー攻撃を受けた結果、企業や取締役に法的リスクが生じるということもあります。

個人情報保護の話とも関連しますが、近年特にインターネット上でやりとりされる個人情報の保護、権利に対して、明確に提示する必要が出てきています。象徴的なのは、2018年の5月にヨーロッパで施行された新たな法令「GDPR（General Data Protection Regulation：一般データ保護規則）」です。このようにプライバシーの保護を徹底することで、一部の利便性が失われることはこれからも起こってくるでしょう。

（3）デジタル変革を進める上で必須となる、セキュリティ対策を継続更新する体制、ガバナンス、ゼロトラストによる対策、全員によるセキュリティ対応

これからの企業のセキュリティ対策の強化を考える上で重要な観点は、以下のとおりです。

— サイバーセキュリティ対策の継続的な強化体制
— 企業としてのセキュリティガバナンス
— 複数のセキュリティ対策による多層防御（ゼロトラストによる複数のIT対策）
— ビジネス部門・従業員のセキュリティ対応義務

つながりネットワークが成長し続けていく世界では、すべてのつながりを疑う、情報の保護を行い、セキュリティについては常に最新化させ続けていく必要があります。これを前提として利便性を考えていくことが、新たなイノベーションにつながっていきます。

管理の仕組みとしては、最高情報セキュリティ責任者（CISO）の指揮の下、会社としてのルール（重要情報管理基準）の制定、全社推進体制の構築、扱う情報の管理状態の見える化など、企業の責任としてのセキュリティガバナンスが必要となります。

技術的には、1つのセキュリティ対策ですべてを防御できる完璧なセキュリティはないので、認証、アクセス制御、暗号、ログ管理を基本的

なセキュリティ対策としてクラウド、ゲートウェイ、ネットワーク、デバイスの各レイヤーで実装するという、多層防御の考え方が有効です。これは「ゼロトラスト」という、ネットワークの内外にかかわらず、守るべき情報資産やシステムにアクセスするものはすべて信用せずに検証するという考え方に基づいています。

会社のルールを制定しただけでは、現場であるビジネス部門においてルールは守られず、情報漏洩のリスクが高まるということも想定されます。企業・CISOの責務として、ビジネス部門、従業員に対するセキュリティ教育を行うことで、ビジネス部門の従業員は義務として会社のルールを遵守し、ビジネス部門で扱う重要情報を適切に管理できるようにすることが重要です。

3－4 標準化とガバナンスの徹底によって、実現する自由に再構成・組み換えられるビジネスモデル、自由と選択の提供

標準化やガバナンスの徹底を継続することは、なかなか難しいことです。バリュー・価値基準に基づいた行動においても、アプリケーションの利用を開始したいときにも、目の前の要件のみへの対応を優先してしまうことが現状として多いかもしれません。また縦割り・横割りの壁が厚い多くの日本企業・公的機関の組織では、身のまわりの都合だけで戦術や仕組みを決めてしまうことが多いかもしれません。

一方、アマゾンの「Bezos Mandate」が、B2Cの顧客体験に広がり続けるプラットフォームとともに、出品者のビジネスをグローバルに支援するプラットフォームをつくりながら、AWSなどの展開につながっていることも見てきました。

さらに、キーエンスの成功には、スーパー営業スタッフの個人力ではなく、経営哲学に沿った付加価値を目指すという行動の徹底や、考えるということに対する社員全員の努力、そしてプロセスの標準化とデータ活用、その分析結果の設計や営業活動への反映と、それらの標準化がありました。キーエンスの付加価値にこだわる価値基準を徹底するためには、可能な限り新規ではない標準の要素技術を組み合わせるほうが、付加価値ある商品を迅速に設計することができます。そして、そのために、顧客、顧客のプロセス、営業活動における成果のデータベースを社員間で共有することにより、新たな価値の提案が可能となり、ファブレスであるにもかかわらず、世界初の新製品を迅速に提案することができるのです。

そして、スターバックスというマニュアルのない会社に集うパートナーが、自身の成長と企業成長を重ね続けるミッション・ビジョンを支えるのも一貫した標準の仕組みです。

コンポーザブルは、組み換え、再構成できるとともに、目指すべき重要なことが継承される標準であり、機能間の継承、そして人々に共有される価値基準です。この考え方・進め方が、ビジネスのスケールとこれ

を支えるデータ活用、分析を活かすことにつながることで、働き手がクリエイティブを企業の目指すべき方向に合わせて発揮することを支援するものとなります。それは生産性を上げながら実践でき、行動のデータ分析と合わせてさらにレベルアップを進めることが可能となるのです。これこそがデジタル変革をビジネスモデル、個人の成長、ステークホルダーへのアカウンタビリティを合わせて発揮するために必要な手法となります。

今やドラッカーが述べた「ミッション・ビション・バリュー以外は、アウトソーシング可能」ということが現実化され、より柔軟にビジネスモデルを成長させることが可能になりつつあります。

その実現のためには、次のコンポーザブルな考え方が必要です。

①企業の存在意義に沿った将来の方向が「パーパス・ミッション・ビジョン」などとして明示されている。
②「パーパス、ミッション、ビジョン、バリュー」は「共感を得られ、行動を伴うルーチンになり、ビジネスモデルの再構成・組み換えがあっても行動は継続される」
③それ以外は再構成・組み換え可能。

そして、これらの具体化の要素として「ビジネスモデルスタック」「テクノロジースタック」「アプローチスタック」「モニター」の4つを併せ持つ必要があるということを事例とともに説明しました。

この4つの要素の中のうち、本章では、顧客体験の広がりとバリューチェーンづくりのプラットフォームの考え方である「ビジネスモデルスタック」、それらの実現を支えるシステムに求められる4つのスタックから構成される「テクノロジースタック」について取り上げました。

では、これらをどのように実践していくか。「アプローチスタック」「モニター」については、次章で述べていきます。

Column ④

コンポーザブルなID連携の入り口 ～顔認証で社会を変える～

NECフェロー
今岡 仁

技術が新たな価値を生み出す突破口に

顔認証・生体認証は、社会の変革をデジタルな仕組みの自由な再構成で推進していく、つまりコンポーザブルに進めていく入り口になります。単純に「その人を認証する」ということだけではなく、より自由に、安全・安心に活動していくために、とても重要なことだと思います。その人そのものの認証ですから、自分自身を証明するためにわざわざ何らかのデバイスを出す必要もありません。精度とスピード、利用の自由さで可能性が大きいと考えています。

そのためにさまざまな挑戦があります。たとえば、マスクをしている人を認証する例では、解像度の高い画像データで目の周辺を中心に特徴点を抽出し、照合する方法を突き詰めていくことがカギとなりましたが、これは一例であり、個別技術、機能、システムそれぞれの括りでの問題解決のアプローチによって、技術が価値につながるための突破口になります。多様な技術の積み重ね、技術者間のネットワーク、実装シーンを知るお客様やパートナーとの連携など、これら全体をアジャイルに進めていく組織力が重要です。

東京2020オリンピック・パラリンピック競技大会でもその安全・安心かつ柔軟な大会運営に貢献することができました。今後、スポーツや万博などの大きなイベントはもちろん、街づくりや日常生活も含め、応用先は無限です。そして、パスワードを思い出す、鍵を探す、カードを出すといった煩わしさなしに、さまざまな体験の世界にスムーズに入っていくことができます。

技術は手段であって、目的は無限に広がっている

繰り返しになりますが、顔認証・生体認証自体は手段であって、その先にいろいろな目的があります。顔で本人確認ができるということは、その後スムーズな決済が実現し、財布やカード不要で顔を見せるだけでの買い物も実現します。多様な体験を本人自身の認証を通してつないでいくことが、これからの社会のカギだと考えています。

それぞれの"認証"が継続的な分析と、分析に基づく価値への貢献につながります。前記の決済でいうと、ある場所での顔認証の許可を出せば、その空港、地域、さまざまなシーンでの活動が自由に安心になり続けます。ユーザーにとってもうれしいですし、迎える地域にとっても、次に活かせるデータを蓄積する入り口になります。

また、顔認証の「顔」は人間の顔だけではなく、さらに可能性は広がります。たとえば、がん病変の画像をAIに大量に学習させておき、内視鏡診断で捉えた画像に、がんの「顔つき」をした病変があるかどうかを見つけ出す支援も可能です。このように顔認証はいろいろな応用の入り口になります。「顔」を切り口に、社会変革をリードしていくことを確信しています。

Column ⑤

領域を超えたレジリエントなデータ連携 ～ブロックチェーンの活用～

NEC デジタルプラットフォーム事業部
シニアマネージャー
横田治樹

「個人のデータ管理」でキーとなる技術

ブロックチェーンは、分散してデータを管理する仕組みです。データは順次、前のデータとそのデータ自身から生成される一意の暗号（ハッシュ値*）を用いて連結されているため、データの改ざんは非常に困難です。

＊ハッシュ値：元になるデータから一定の計算手順により求められた固定長の値

業務の継続性や、透明性などその他にも多様な可能性がありますが、今後は、デジタル ID の延長線上にブロックチェーンを考えています。分析して個人にフィードバックしたパーソナライズサービスをデータパートナーと連携して実現する、そのための基盤です。「個人がデータを管理する」というこれからの世界観に合わせていきます。社会の可能性を考える上で、重要な方向と考えています。

個人ID、生体認証を核に、個人データ主権のための基盤としてのブロックチェーンは、社会の基盤としても、企業を横断したサービス体験、金融の仕組み、新たなモビリティサービスの分野などでも可能性があると思います。

AIとの連携においては、個人がデータを管理することを前提に、秘密計算（生データを参照することなく分析などの処理が可能な技術）や連合学習（複数のデータ所有者の下で学習した機械学習のモデルを結合することで、学習モデルの精度向上を狙う技術）で何らかの知見を得るということを考えています。

「企業間データ連携」にビジネスチャンスあり

一方、企業間のデータ連携としては、自動車の会社では、20社さかのぼってトレースしたいという問い合わせなども出はじめています。これまでは企業間でデータを共有する必要性があまり認知されていなかったのですが、これから変わりつつあると思います。技術的な課題は解決されてきています。

サーキュラーエコノミー、ライフサイクルの環境負荷低減のような地球の持続的な成長を考える動きと合わせての進化への期待と、それに応えられるよう準備しています。

ブロックチェーン実用化の課題に、スケーラビリティとセキュリティの両立があります。NECはオープンソースのブロックチェーンとして広く使われているHyperledger Fabricをベースとして、アプリケーションの互換性を保ちつつ、合意形成アルゴリズムを強化したブロックチェーン技術を開発しています。一般に、ビットコインに代表される、悪意のあるノード参加者に対して耐性のあるブロックチェーンネットワークは、ネットワーク参加ノード数が増加すると、処理性能が低下する特性がありますが、この性能低下を最小限に抑え、ノード数が増加しても高い処理速度（スループット）を維持することができます。

「複数のステークホルダーが存在する業務」との親和性

経済産業省はブロックチェーンの活用に親和性のある、以下の5つの類似化されたユースケースを例示しています。

（1）価値の流通・ポイント化プラットフォームのインフラ化
（2）権利証明行為の非中央集権化の実現
（3）遊休資産ゼロ・高効率シェアリングの実現
（4）オープン・高効率・高信頼なサプライチェーンの実現
（5）プロセス・取引の完全自動化・効率化の実現

これらのユースケースの共通点は「複数のステークホルダーが存在する業務」です。

NECは、これまで行った「複数のステークホルダーが存在する業務」のブロックチェーン化に向けた提案と業務特性を考慮した実証実験を通じ、実現の可能性の確認、及びブロックチェーンを利用した場合のメリット・デメリットや課題・制約事項を整理しました。その結果、環境的な制約と技術的な観点から署名作成用の「鍵」をクライアント端末側に配置できなかったこと、合意形成アルゴリズムの問題などの課題が挙がりました。

今後は課題解決に向け、ユースケースごとの設計方法の検討やブロックチェーンプラットフォームの研究開発を行っていきます。また、これまで得られた知見を活かし、他のユースケースの適用も目指していきます。

Column ⑥

複雑な社会課題に量子コンピュータで挑む

NEC 技術価値創出本部
量子コンピューティング推進室　技術主幹
千嶋 博

従来の計算機では扱いにくかった分野に活路を開く技術

量子コンピュータの利用を想定して、将来の可能性を考える時代になってきました。量子コンピュータが実用化されれば、「組み合わせ最適化問題」のような、これまでの計算機で扱いが難しかったいくつかの処理がデジタル化できる可能性があるからです。

量子コンピュータの活用領域として、最も実用化が早いのは製造工程の最適化などの製造分野、移動経路の最適化、物流のネットワークの最適化などの物流分野、次いで、新素材開発分野や新薬の開発分野であると考えています。金融分野でもカード不正検知、モンテカルロシミュレーション、リスク計算データ補完、今後は投資ポートフォリオの最適化などにも活用されていくでしょう。それ以外の分野でも、多様な広告枠のマッチング最適化、宇宙における衛星軌道の最適化など、さまざまな領域で期待され、今後の実践を通して社会そのものを大きく変える可能性があります。

これらの解くべき問いへの量子コンピュータの活用については、問題のモデル化・定式化が成功のカギとなると考えています。このモデル化・定式化については、量子コンピュータの実用化を待たずとも、現在のコンピュータで量子コンピュータと同じアプリケーションインターフェースを持つ「疑似量子コンピュータ」を活用して検討を進めることが可能になっています。このとき、AIや従来の最適化ソルバとの使い分けや連携が重要です。それぞれの技術の特性を活かした適材適所がシステムとしてのパフォーマンスを引き出します。

1990年代から研究開発を実施し、世界的評価を取得

NECは1990年代から積極的に量子コンピュータの研究開発を続けてきました。1999年には集積可能な固体素子量子ビット技術を世界で初めて実証しています。2003年には固体2ビット論理演算ゲートの動作を実証して、『Nature』にも掲載されました。さらに2007年にビット間結合を制御可能な量子ビットの実証を行い『Science』に掲載されています。

現在は、桁違いの量子重ね合わせ時間を量子アニーリングマシン上での実現をNEDOプロジェクトで目指しています。さらに、国立研究開発法人科学技術振興機構によるムーンショット型研究開発プロジェクトである「誤り耐性型汎用量子コンピュータ」のプロジェクトマネージャーにNECの主席研究員である山本剛が採択されています。2050年までに、経済・産業・安全保障を飛躍的に発展させることを目指すプロジェクトの一つです。

また、2021年11月には、疑似量子コンピューティング環境のクラウド提供と教育プログラムの提供を開始しました。これは、量子コンピュータの実用化と普及に先駆けて、今ある環境を用いてアプリケーションの検討をお客様と共創していくことがカギになると考えているか

らです。

量子コンピュータについては、世の中でも話題性が増すとともに、これまでデジタル化しようとしてこなかった問題解決にも取り組みが広がっています。

これからは、従来システム＋ AI ＋量子コンピュータ＋αで、ビジネスと技術の両面から、成果を積み上げていくものだと考えています。従来困難だった複雑な問題を解き、持続的かつ成長し続け、これからの世代と地球の将来、社会への貢献にチャレンジしていきます。

第４章

コンポーザブル経営の推進
――アジャイルアプローチの実践

4-1 デジタルを梃子にこれからのビジネスモデルを創造していくために、日本人が乗り越えるべき壁

アプローチ・スタック。組織の再開発がデジタルを梃子にした飛躍につながる

アジア太平洋マーケティング研究所（APRIM）の調査によれば、DXを一言でいえば、戦略開発のみならず、組織開発であると言えます（図表4－1）。別の言い方をすれば、組織が環境に適応しながら新たな環境の下で効果的に機能するように、他方に意図的に働きかけるということです。

ここまで述べてきたように、つながり続ける世界のなかで、デジタルを梃子にビジネスモデルを企業にとって目指す方向へ成長を継続していくためには、ヒト・組織の行動から変革していくことが必要であると考えられます。ビジネスモデルを再構成し、組み換え続けながら、存在意義に沿って、顧客体験の広がり、そこで提供される価値のバリューチェーンの統合を進める。そのためにも、バリューの発揮をより自在かつ自立・

図表4-1 **DXの成果達成には戦略と組織の開発がポイント**

設問	全体	成果低い	成果高い	GAP	t検定	標準化係数	有意確率
スタッフには必要な専門スキルがあった	3.25	2.82	3.71	0.89	***	0.186	***
DXの戦略が明確に定められていた	3.38	2.96	3.84	0.88	***	0.147	***
DXに関するビジョンがメンバーに共有されていた	3.31	2.90	3.76	0.87	***	0.082	*
スタッフには十分な権限が委譲されていた	3.30	2.88	3.75	0.86	***		
DXプロジェクトの予算は十分であった	3.24	2.84	3.67	0.83	***		
メンバー各人の業務内容は明確になっていた	3.30	2.91	3.72	0.82	***	0.167	***
担当者は専任制（他業務との兼務ではない）であった	3.15	2.76	3.58	0.82	***	0.108	**
チームには新しいものにチャレンジする文化があった	3.32	2.93	3.74	0.81	***	0.124	**
DXを推進するための具体的な計画があった	3.24	2.86	3.65	0.79	***		
プロジェクトは経営陣から十分なサポートを受けていた	3.18	2.81	3.58	0.77	***		
プロジェクトには外部専門家が貢献してくれた	3.17	2.80	3.56	0.76	***	0.145	***
プロジェクトには十分な人員が配置されていた	3.05	2.69	3.44	0.75	***		
プロジェクトは自社スタッフから構成されていた	3.30	2.95	3.67	0.73	***	0.134	***

*=5% significant、**=1% significant、***=0.1% significant

Data: Asia Pacific Research Institute of Marketing (APRIM)／2021年3月　有効回答数392社

自律型として進めることが、成長にとって重要なのです。そして、その実践として、短期間でクイックに見直しを繰り返していくというアジャイルな行動をヒト・組織に組み込んでいくことも必要となっています。

第2章で説明した「フォッグの行動モデル」で考えると、その変革を開始していくためには、次のようなことが必要であると考えることができます。

(1) Motivation(動機)

問題認識とモチベーション。第1章で述べたように、「無形資産を活用しての企業価値創出」「ESGに資するCSVの実践」の両面における付加価値創出において、日本企業は他の先進国と比べて後れをとっています。一方で、これらの機会はこれからも大きく広がっていきますが、逆に捉えれば、遅れは成長機会であるとも言えます。まさに自社の存在意義から付加価値創出の広がりへ、新型コロナウイルスによる変化点を機会として活かすべきタイミングです。第2章で述べた顧客体験のジャーニーの広がりに対して、存在意義の視点で挑戦できているでしょうか。第3章で述べたデジタルを梃子にしたビジネスモデルの成長可能性への取り組みは十分でしょうか。経営としては、遅れを伸びしろと捉えて、問題認識と変化点の機会を動機としても考えることができると思います。また、これからのリーダーにとっては、自在に未来の具体化へ向けて成長を試すことができる環境がそろいつつあります。

(2) Ability(能力)

その成長機会において、具体化するために必要となる構成要素が、コンポーザブルスタックです。第3章でビジネスモデルとテクノロジースタックについて述べました。さらに、この第4章で組織としての取り組み方と、その取り組みを行うための必要となる能力について補足していきます。一言でいうと、アジャイルに取り組むための能力です。顧客の立場・視点に立って取り組み続け、付加価値を創造するための能力です。将来の大きな機会へ向けて最低限必要となる着手点・提供価値を顧客に試しながら成長させていきます。顧客への共感・顧客への体験ジャーニー視点、これらの目指すところを見失うことなく試し、それを短期間のサイクルで見直し、さらに顧客の課題を明らかにし、それをどうしても顧客にとって必要となる解決策へと進化させ、価値交換として結びつけていくのです。

アジャイルに顧客に試すため、そして価値を更新し続けるため、さらにビジネスモデルの検証と更新のために、データと分析を活用します。そのためには多様な人財と連携する必要があります。ビジネスオーナーやプロダクトオーナーは、データサイエンス、トランスレーター、データマネジメントと組み、アーキテクトと適切なテクノロジー構成を創っていくのです。

これらをチームで進めるために必要となるのが、スクラム／アジャイルといった能力です。顧客視点、顧客体験のジャーニーやバリューチェーン一貫の視点を持った組織横断のチームが、スモールスタートで、リーンに目指すところを見失うことなく、迅速に顧客に試すのです。そして、これはチームの自律した自己組織力と透明性・心理的な安全性を確保した上で挑戦を繰り返すスクラムを活用した取り組みとなります。

（3）Prompt（きっかけ）

大きな目標と新価値創造への取り組みのための第一歩を踏み出すことを指します。さらに、その取り組みに対してフォローし続けることと、失敗を許容しそこからの学びを重視することです。ファーストペンギン*に、「いいよ、飛び込んで」と言えるトップ、責任者。つまり、最初に取り組む人の責任は飛び込むことにあり、その責任はリーダーにあるという経営スタイルが重要です。機能横断でのチーム構成と自立した個人によるコラボレーションとセットで具体化していきます。

* ファーストペンギン：集団で行動するペンギンの群れの中から、天敵がいるかもしれない海へ獲物を求めて最初に飛びこむ一羽のこと。転じて、リスクを恐れず初めてのことに挑戦するベンチャー精神の持ち主を指す。

問題認識・イノベーション継続の源泉を知る

第１章で述べたように、日本企業の多くは、社内外に存在する無形資産を活用し切れていません。そして、グローバルの環境下で付加価値の創出にも後れをとっています。これは、第３章のビジネスモデルスタックで述べた、顧客体験のプラットフォームと、バリューチェーン統合の機会を活かしきれていない結果とも言えるのではないでしょうか。また、データを活用して行う学習とこれに基づく価値のアップデート、そのためのソフトウェア活用が十分行われているとは思えません。これは、コンポーザブルにアップデート可能なビジネスモデルの機会を捉え切れていないとも言えるでしょう。そして、そのための能力育成への投資が不十分であるということも一因ではないでしょうか。

つまり、顧客体験を横断しての変革機会も、バリューチェーンを横断しての変革機会も活かせていない、ということです。

さらに、これも第１章で触れたとおり、環境や社会の継続性を考え、かつ多様性や人々の幸せの継続を考えつつ成長していくということも、すべての企業にとっての課題となっています。従来であれば、その解決法は「片方が立てば他方が立たない」というトレードオフの関係にある場合が多かったでしょう。だからこそ、顧客にとってのトレードオフのみならず、社会価値と経済価値のトレードオフを付加価値に転換することができた企業が、成長を継続し続けることができるのではないでしょうか。そして、ここまで述べてきたように、デジタルを梃子にして少なくない企業がそれに成功しています。

多くのグローバル企業にとって、長期と当期の１年の両端が勝負の中心であるのに対し、日本企業は数字の入った３～５年の中期計画を守ろうとしていることが、うまくいかない根本的な原因の１つだと考えています。その結果、10年くらいかけての挑戦に取り組みにくくなり、経営陣も３年となると、分担範囲以外との連動がしづらく、判断が後回しになります。さらにミドル層も、さらに狭い範囲に注力しがちになります。つまり、一般的によく語られている、縦割りであり、横割りです。
グローバル企業にも同様なことはあります。グローバルのベストプラクティスを徹底して自社なりに導入し実践していたはずのGEやIBMが相対的に競争力を落としているのは、四半期経営に注力し過ぎた結果だと思います。これらを打破して長期的にイノベーションを継続する取り組みの1つが、パーパス経営であり、CSV経営であると筆者は考えています。前述したネスレの取り組みは、まさにこれを実践した例です。
日本企業に話を戻すと、中期を起点に小さな範囲での成功を求められることと、元々の失敗を許容しない文化との相乗効果で、失敗したくないメンバーと、失敗させたくないマネジメントの組み合わせが、縮小均衡を招いているとも思います。これらの状況を打破し、問題認識と将来の可能性を考える上でも、各企業のパーパス・ミッション・ビジョンを踏まえた未来からのバックキャストと、事業の進捗をアジャイルに更新しながら物事を進めていくアプローチの両輪が必要であると考えます。
ここでは、企業と個人にとってのモチベーションをつくり出すために、企業の存在意義であるパーパスから未来を考えた上で、そこからのバックキャストでビジネスモデルの成長方向を考えていくことが重要です。これは大きな目標を置き、個々の働き手が価値基準であるバリューの実践を通して自分自身のために成長していくという方法を考えるというものです。この後、以下の2つの具体的な進め方を説明します。

・ロジカルに、変化のメガトレンドと不確実性の要因から考えるシナリオプランニング
・長期視点でパーパスのあり方から、可能性を考えるアプローチであるインパクト・オン・パーパス。未来からのバックキャスト

4―2 将来の可能性と、それに挑戦する存在意義、理解・納得・共感・コミットのためのセンスメイキング、そのための未来からのバックキャスト

将来の不確実性をロジカルにとらえるシナリオプランニング

「シナリオプランニング」という手法の活用について紹介します。これは、各企業にとっての存在意義に立ち戻り、持続可能な社会のためには、どのような課題の解決をしていけば、他社と差異化しつつ自社らしいイノベーションを起こして、成長を継続できるかについて考えるための方法です。まず、現在のミッション・ビジョンの機会と、それを具体化するためにどのようなリスクと課題があるかを考えます。これは、その企業がこれから成長し続けていくために必要な機会と、リスクと課題を認識し変化とともに具体策をアップデートしていくために必要な方法となります。

世の中のトレンドと想定されるイベントについて、自社のあるべき姿に対するインパクトの大きさと、将来のシナリオを不確実性の面から整理し、そこから逆算して戦略を立てるのです。トレンドとイベントとは、政治、経済、技術、社会に関する事象のことを指します。

インパクトが大きく、不確実性の高いトレンド・イベントを加速する要因であるシナリオドライバー（環境変化要因）を想定しておくことで、不確実性が未来像にもたらす変化の幅を見定めることができます。そして、起こる確率の高い事象であるメガトレンドと組み合わせることにより、外的変化についての複数のシナリオを設定し、これに対する自社の戦略オプションを考えていくことが必要となります。

石油メジャーであるシェルが、第一次オイルショック（1973年）が発生する前年に、石油の支配権が欧米のメジャーから産油国にシフトする可能性を示した結果、同社が他社とは異なる対応ができていたことにより、このシナリオプランニングの手法が広く利用されるようになりました。シェルはその他にも、天然ガスの対応を想定したことで、同社が

他のメジャーに先駆けて液化天然ガスビジネスに本格的に踏み込むなどの成果をあげています。

図表４－２のように、将来自社の事業にインパクトが大きく、発生確率が高い、つまり不確実性が低い事象（いわゆるメガトレンド）を将来シナリオの背景として考えてみるのです。さらに同じように、インパクトは大きいものの不確実性が高い事象について、変化を分岐し得る要因を挙げることで、複数の将来シナリオを想定しています。

これは世の中の要因をロジカルに分析整理することで、不確実性を加味することができるため、「どこまでの将来が起こり得るかを想定する」という比較的リスクに重点を置いたアプローチとなります。筆者は、想定されるインパクトを過去の事象と将来の前提とされる条件の下で、統計とAIを掛け合わせた予測で数値化することを組み合わせることを勧めています。一般的に、シナリオプランニングのバックキャストでは、10～20年の長期を想定します。

シナリオプランニングを行うことの副次的な効果として、外部環境の世界観を各メンバーが共有することで、バックキャストの議論がスムーズに運ぶという効果を生み出します。不確実性が高いと言われる昨今に

図表4-2　**将来へ向けてのシナリオ・ストーリー（そのための継続準備）**

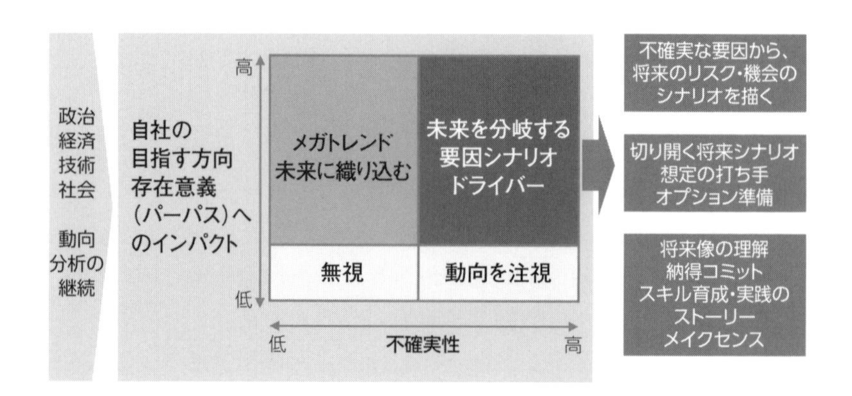

おいて、これは引き続き有効な戦略策定アプローチであると考えられます。また、活用には継続的な更新が有効です。

前述のシェルには、2021年5月、本社のあるオランダ・ハーグの地方裁判所から「脱炭素に対する努力が足りず、二酸化炭素（CO_2）削減の目標を引き上げよ」との判決が下りました。前述のシナリオプランニングで成功を重ねてきた同社にとって、何が間違っていたのでしょうか。

今回シェルは、3つのシナリオを描いていましたが、それに関して、スピードに対する予測（2050年という時間軸）が今回はずれていたため、迅速な軌道修正ができていなかったと言われています。

パリ協定における目標値は、CO_2排出実質ゼロを75年から50年に縮めていました。シェルのシナリオは、このパリ協定の目標値をベースにしていましたが、世の中の動向（この場合はパリ協定や脱炭素の動き）が加速してきていることを、今回の長期のシナリオとして反映し続ける必要があったと考えられます。また、後述のアップルが示したように、むしろ企業にとっては、リスクに対する対症療法的なアプローチよりも、カーボンニュートラルなど負荷になることに対する具体策を示すことで、自社の機会、イノベーションの機会として踏み出していくことが、一層重要になります。未来のシナリオを示していく、状況によってそのシナリオを継続的に更新していくことが求められている例だと考えられます。

分析としてのシナリオプランニングと併せて、インパクト・オン・パーパスなどの未来からのバックキャストを行うこと、さらにこれらの将来の検討についての定常的な見直しが、これからは必要になっていると考えられます。

アップルやテスラなどのアプローチ。インパクト・オン・パーパスによる未来からのバックキャスト

もう1つの手法・アプローチは「インパクト・オン・パーパスによる未来からのバックキャスト」というものです。企業にとっての存在意義の未来を考えて、そこから今へバックキャストを行います。その意味合

いで、本書では「インパクト・オン・パーパス」と呼びます。前述したシナリオプランニングとは異なり、柔軟に未来の可能性に焦点を当てることで、これからの取り組みを設計していきます。

言葉どおり、シナリオプランニングのように特に制約は設けず、企業が掲げる存在意義であるパーパスを軸に、自由に様々な可能性を発想していきます。そのため、こちらの手法は1人ではなく、複数人のチームで行います。チームでアイデアを出し合ったほうが、より効果的なアイデアが出るからです。20～30年、場合によっては50年程度の超長期を考えます。本質的には、存在意義の可能性を知り、自社にとってのイノベーションと成長の可能性を知ることで、自社の強みを具体化させるために今行うべきことを考えるために必要となる方法です。

「企業者の不断のイノベーションが経済を変動させる」という理論を構築した経済学者ヨーゼフ・シュンペーターが提唱する「イノベーションの根源である新結合」を繰り返していくというイメージです。

たとえば、ある1人のメンバーが発想した将来像に対して、その方向を肯定した上で、プラスアルファのアイデアを他のメンバーが発想し、アイデアを重ねていきます。このようなやり取りを重ねることにより、自分ひとりでは考えつかないようなアイデアがどんどん広がっていきます。

そうして自社のパーパス・ミッション・ビジョン・バリューの目指すべき将来・未来像を描いていくのです。その絵は、現時点では実現することが難しい内容であっても構いません。そのような未来から今に向けてバックキャストを行い、未来像を実現するには何が必要か。まずはその第一歩から考えていくことが重要です。

前述したテスラのマスタープランと成長のストーリーがまさに、インパクト・オン・パーパスの手法からの戦略立案とそれを実行するための実践と見ることができると思います。

アップルの経営戦略も、インパクト・オン・パーパスに近いものと言えるでしょう。同社が倒産寸前だった1997年、創業者であるスティーブ・ジョブズが復帰した際に描いたとされている30年のロードマップがまさに、この方法に近いものです。

具体的な内容は企業秘密であるため明らかにされていませんが、ジョブズがアップルに復帰して立て直していく時期に、彼の側近として活躍していた福田尚久氏の回顧から、ジョブズの思いを想像することができます。以下は、この話を福田氏から直接聞いた中島聡氏のブログからの引用です。ちなみに中島氏はWindows95／98、Internet Explore3.0／4.0の基本設計に携わった方です。

福田氏によれば、アップル復活の立役者となる、さまざまなデバイスやサービス、アプリケーション、具体的にはiPodやiPhoneなどのデバイスから、Apple TV、Safari、iTunesといったアプリケーションサービスなどの製品・サービスの展開が、前述した30年ロードマップと見事に重なるというのです。福田氏は、次のような言葉で、アップルの戦略について説明したそうです。

「映像・画像・音楽・書籍・ゲームなどのあらゆるコンテンツがデジタル化され、同時に通信コストが急激に下がる中、その手のコンテンツを制作・流通・消費するシーンで使われるデバイスやツールは、従来のアナログなものとはまったく異なるソフトウェア技術を駆使したデジタルなものになる。アップルはそこに必要なIP・ソフトウェア・デバイス・サービス・ソリューションを提供するデジタル時代の覇者となる」

アップルは、2020年に新たに2030年構想を発表しました。第1章でも触れましたが、そこにはすでに自社で達成しているカーボンニュートラルをサプライヤーにまで展開すること、さらに顧客がアップル製品を使用する際に生じる二酸化炭素の量もカウントするとアナウンスしています。このようにアップルは資金や技術を提供して、100％再生可能エネルギー生産への転換を推進しています。

また、この10年の気候変動に対抗する計画を具体的に示しています。このイノベーションを関係する企業群への支援、環境という意味合いでも補完価値を高めながら、自社の付加価値を上げ続けていく道筋を示しているとも考えられますが、地球環境の持続性に貢献しながら、顧客とつながり続け、サプライヤーや補完プレイヤーを含む生態系をリードしていくのでしょう。

これまで取り上げたネスレなどの取り組みを見ていても、自分たちはどのような目的や目指すべき姿があり、具体的にどのような将来・未来像を描いているのかを考えるべきときに来ていると思います。

そのような明確な将来像からバックキャストすること、その上で自分たちのアセットやサービスと照らし合わせることで、今何をすべきかの戦略を明確に作成し、スタートすることができるのではないでしょうか。繰り返しになりますが、今行うべき取り組みや事業、サービスは、あくまで未来の目標実現に向けての一歩なのです。

センスメイキングで納得・腹落ちと、未来についての動的な対応の継続

つながり続け不確実性が高い将来へ向けて、企業として目指す方向に沿って一歩を踏み出し続けるためには、自社の存在意義とこれからの展開について、個々人が納得した上で、腹落ちしている必要があるでしょう。その腹落ちの仕組みが「センスメイキング」です（図表４－３）。未来からのバックキャストなどで示される将来像、自社の存在意義、ま

図表4-3 センスメイキングの全体像と、未来からのバックキャスト

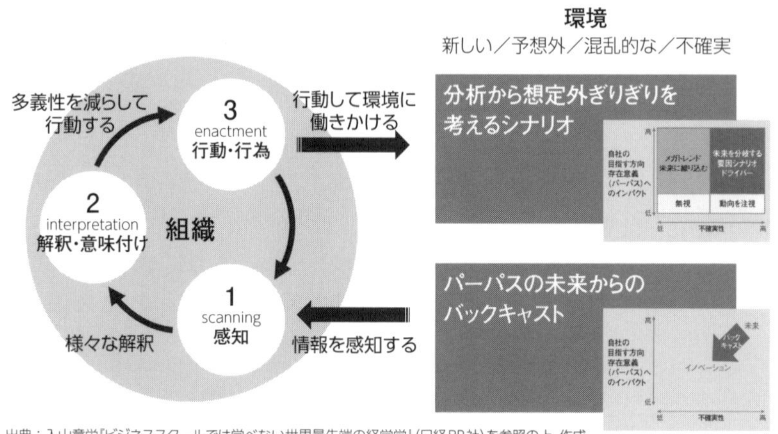

出典：入山章栄『ビジネススクールでは学べない世界最先端の経営学』（日経BP社）を参照の上、作成

た価値基準・バリューを組み合わせることで、実際に起こったことと将来像の意味合いを重ねながら、未来を自ら創っていきます。

もともとは組織心理学者であったカール・ワイク氏を中心に発展した理論であり、最近では早稲田大学大学院の入山章栄教授が取り上げていることから、日本企業でも注目を浴びるようになっています。

「センスメイキング」は日本語に直訳すると、「意味づけ」「腹落ち」「納得」などの言葉になります。組織のメンバーや周囲のステークホルダーが、事象の意味合いについて納得・腹落ちさせ、それらを集約させるプロセスとして捉える理論です。

そのプロセスは、外部環境からの情報の感知、その解釈・意味づけを行い、多義性の足並みをそろえた上で外部環境への行動を通して再び情報を感知するという、「感知」「解釈・意味づけ」「行動・行為」の３つの活動の循環プロセスになっています。

つまり、センスメイキングの概要を同章の内容に重ね合わせれば、「自分たちは何者で、どこに向かっているのか」「未来に対して、今何をすべきなのか」「今何が起きているのか」という、これらの要素が明確になるのです。その上で、それぞれのアクションや目指すべきゴールを、意味づけ、企業の一人ひとりが自由に主体性を持って、企業と行動をともにしていくコンポーザブルな組織ならびに能力構成を目指します。そして、企業として、構成員として、まず行動を通して外部環境に働きかけ、その行動を振り返り、未来の解釈・意味づけとして活かすことが求められます。

こうして自身が提供する価値や行動、組織との連携を常にアップデートし続けることが、結果として未来を創ることにつながっていくと考えられます。理解、納得、共感し行動につなげ、またそれをフィードバックしていくアプローチとも言えます。

デジタルを梃子にした変革を進めるために

ここまで、述べてきたことを踏まえて、デジタルを梃子にした変革は、以下のように進めていきます。
長期で取り組む領域を示し､具体化へ向けての戦略を示す｡前述のアップルで示されていた将来像であり、テスラがマイルストーンで示したことも同様であると考えます。

- 前提としての企業の存在意義、価値基準
- インパクト・オン・パーパスと、シナリオプランニング
- 上記を踏まえての目指すところを明らかにする
- そこに至る戦略を立て、社外社内に腹落ちを図るセンスメイキングを進める
- 前述した世の中の動向、自社の取り組みを踏まえての動的な見直し

日本電産の永守重信会長は、世界一高性能なモーターで地球に貢献することを示し、100年を超えて成長し続けるグローバル企業を目指すとしています。また、ソフトバンクの孫正義会長が30年ビジョンを示し、最低300年続くグループのDNAを設計すると発信しています。このようにトップが将来を示し、それに至る戦略を発信しています。
この将来像である目指すところと、それに至る道筋とこの時点における戦略は、トップ自身が取り組み、自らメッセージを発信することが必要です。前述したように自社の存在意義から描くのがポイントです。
取り組むべき領域と方向が定まると、その領域における“人”にとって顕在化している問題と、顕在化していない問題の理解、そして、その根本的な解決策から始めます。そして、その解決策がどうしてもその人にとって必要であり、それがなければ困るという価値になり得るか、体験し続けることができるか、と推論を進めていきます。第2章で述べた顧客の驚き・発見・トレードオフの解決が起点となります。そのために必要となる進め方と能力、スキルについては、これから述べます。
また、第3章で述べた、ビジネスモデル、テクノロジーに関する各スタックを組み立てていきます。ビジネスモデルの変革、新事業、業務の改革いずれの場合でも､リーンスタートアップの進め方､進める際のチー

図表4-4 **アジャイルに価値を試し、更新し続ける**

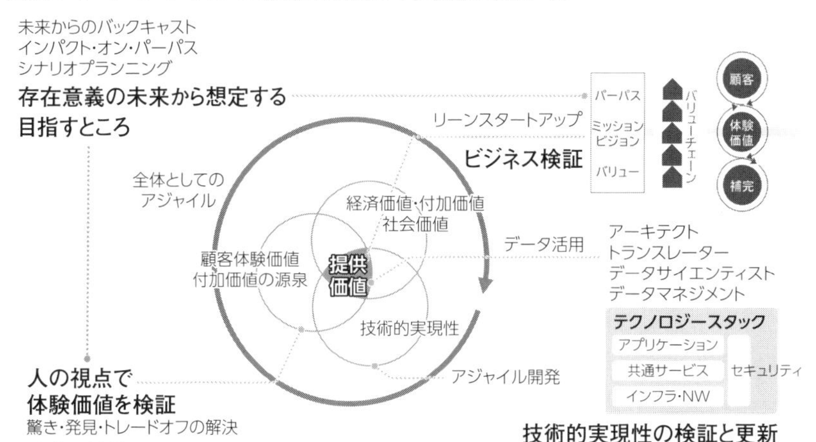

ム・組織の行動のあり方であるアジャイルとスクラムが活用されます。

これらのことを検討するにあたり、重要なポイントを先に挙げておきます（図表４－４）。

〈前提としての、目指すところ〉

存在意義としてのパーパス・ミッション・ビジョン、そしてバリューを踏まえて、取り組む対象であり目指す存在意義の領域とその時間軸を確認します。

〈顧客体験の視点、顧客体験のジャーニーの視点〉

目指す領域における、顧客・受益者にとっての問題の解決、今は気がついていないけれどもこれまでの常識では解決することをあきらめている問題の解決となるものです。第2章で述べたトレードオフの解決です。その顧客の立場に立って、その人にとっての文脈を考えたときの驚き・発見・幸せの体験価値がどのように成長していくか、顧客にとってのライフタイムを考えた際にどのような価値を出せるかについて考えます。

〈ビジネスモデルの視点〉

存在意義の将来像を描き、そこからバックキャストして現状の変革や新価値創造の着手点を考えます。変革と着手点では付加価値を考えますが、ここで考えるのはあくまで価値です。結果としてのPL（損益）の前に、継続的にどのようにすれば顧客体験に響く価値を届けることができ、WTPを上げてキャッシュを生み出し続けていくことができるかを考えていきます。さらに、第3章で述べたビジネスモデルスタックにおける2つの方向の成長とその継続策を考えます。

・顧客体験のジャーニーの広がりでの新たな価値の取り込み
・その価値が創られていくバリューチェーンの連携統合度を上げていく

その際、顧客体験のプラットフォームとエコシステム・価値源泉のWTSに響く供給者サポートのプラットフォームの両方が有効となります。バリューチェーンは、外部を活用しながらアウトプットの効果・効率のレベルアップを続けます。バリューチェーンにおけるマネジメントのプラットフォーム化を図り、多様なエコシステムの活用を図ります。さらに自社提供機能の外部への価値提供も含めて検討していきます。

〈テクノロジーの具現性〉

テクノロジーの実現の可能性を今、そしてこれからに分けて両面で考えていきます。

まず、試すのは単一のテクノロジーだけでなく、組み合わせで考えます。その際、第1章で述べたAIと5Gの組み合わせなどの可能性についても考えていきます。その上で第3章で述べたコンポーザブルな視点でのテクノロジースタックにおけるそれぞれのスタックについて適用の可能性を考えます。

〈アジャイルチーム〉

前述した3つの視点での部門、機能を横断したチームで解決策を具体化していきます。このとき、テクノロジーを使って、開発していくことも含みます。

組織として、スクラムのアプローチは重要です。心理的安全性で透明性を確保し、自立・自律して課題を共有し、目指すところへ向けて有限資源である時間をマネジメントして進めていくチームは、デジタルを使用した変革においても、これからの組織においても必要でしょう。今後個別のプロジェクトだけではなく、組織全体としてアジャイルな進め方が前提となっていくと筆者は考えます。小規模の組織単位で受益者・顧客体験への価値実現のイノベーションに取り組み、その組織単位を支援する体制を整備していく方向が進んでいます。たとえば、職務横断型のスクラムチームがアマゾンには3,300あります。

第3章で取り上げたカインズも、スクラムの考え方での小規模チームが自立して迅速に解決策を実現し続けています。アメリカには認定スクラムマスターが日本の50倍の33万人いて、システム開発にとどまらないデジタルを梃子にしたビジネスの推進を進めています。スクラムについては後述します。

〈スモールスタートとMVP〉

目的を明確に、目標は高いレベルに置く一方で、着手点は、小さく、ビジネスモデルの場合においても、最低限の価値検証を直接顧客に働きかけることから始めていくことが重要です。

MVP（Minimum Viable Product／実用最小限の製品）から進めていく。その価値を最も必要としていると想定される顧客・受益者から始めます。これは社内の受益者向けの変革でも同様です。

〈短期間のPDCAの繰り返し。リーンスタートアップアプローチ〉

顧客にとっての価値を、2～3週の単位で検証を進めていきます。検証するのは、その提供価値、体験価値が顧客、受益者の解決策になるか。コンセプトではなく価値の本質について検証していきます。

〈チームへの権限移譲、自立・自律ある進め方〉

チーム内での心理的な安全性を担保しながら、課題の共有を明確に進めていく。多様性と個々それぞれにとっての成功は必要であり、それぞれにとっての働きがい、働きやすさの両立も重要です。

〈文化と人財〉

企業の向かう方向を、社員が理解し、納得し、共感した上で、個々が自身の成長をともにしていく文化の形式知化＝バリューが重要となります。同時に、企業としての存在価値から将来像を問い、目指すべき方向を示すこと、さらにその将来像からバックキャストしてスモールスタートから行動を開始していくことも必要になります。前述した顧客視点であり受益者視点に立って、目指す方向へ向けてのアジャイルな取り組みと、継続的に成長していく企業文化を育てていくことが重要となってきています。人財については後述します。

〈経営トップの変化へのコミットメントと行動〉

これから必要とされるデジタルを梃子とした変革は、顧客体験のジャーニー全体であり、バリューチェーン全体に関わります。つまり、企業の中の多様な機能・能力が連携してこそ、顧客にとっての価値が創造され付加価値の源泉となり得ます。そのためには、トップの事業に対するコミットメントが欠かせません。機能横断で企業全体がアジャイルに変革していくための、変わること、変わり続けることに対するコミットです。無形資産となる情報資産や人財育成への投資に関して、これらは成果に先行します。また、顧客や受益者視点の価値創りのために、従来の機能組織を横断して取り組むことが必要です。この機能横断で企業全体が迅速に動くためにも、トップのコミットと、それに伴う行動が一層重要になってきています。そして、これからのリーダー候補とともに、従来の仕組みや文化や習慣を一つひとつ更新・変革していくことも必要です。たとえば、失敗を許容しない文化は、新規事業のみならず、企業の個別のプロセス、報酬制度、会議の仕方、時間の使い方などの細部に宿っているものです。これらを一つひとつ丁寧に変革し続けていくことが、新たな価値創造とともに必要となります。

〈モニター〉

デジタルを梃子にして変革が進むアップデートしていくことのポイントは、行動につながる指標、成果の両方を数字でモニターした上で、数字を見直し続けることにあります。

経営指標、目的指標、行動指標、健康指標（働きがい・働きやすさ）を計測し続けていくことが重要です。しかし、当然のことながら、企業の目指す方向によって、指標は異なります。

第３章で取り上げたキーエンスの役立ち度、粗利80％以上を企画段階で目指すという事例もそうです。アマゾンは長期の目標として、フリーキャッシュフローの最適化を掲げています。実際、2006～2020年の間に、アマゾンのフリーキャッシュフローがマイナスになったのは、ホールフーズ買収の１年だけで、それ以外は常にプラスです。昨年までの株主への手紙で、ベゾス氏は将来生み出すキャッシュフローの現在価値の最大化を会計上の利益より優先することをメッセージとして出していました。

一方、それぞれの事業、提供価値において、たとえばネットフリックスは、アクティブな顧客の増加のために、どのような動画の変化が顧客の視聴継続につながるか、視聴継続を促さないかを第２章で示したように継続的に分析し、統合した動画制作のバリューチェーンにフィードバックし続けています。

このように企業活動、提供価値の活動、働き手の活動など、すべてにおいて行動や振る舞いのデータから分析を継続し、実践にフィードバックし、活動の更新を行っていくことが、事業の成長につながります。また、そのために第３章で述べたコンポーザブルスタックの準備が重要になってきます。

4—3 アジャイルに、顧客視点でデジタルなビジネスモデル変革を進めていく

ここからは、デジタルを梃子にした変革、コンポーザブルなビジネスモデル変革を実践していくために組織に求められる能力の育成について、必要な人財面と組織のプロセス面とに分けて説明していきます。

ここでの人財のキーワードは「データサイエンティスト」「トランスレーター」「アーキテクト」「データマネジメント」「アジャイル」です。これらすべてにおいて、ビジネス視点が前提となっています。また、企業として存在意義・目指すべき方向を長期な視点で捉え、正しい方向に向けてコミットするトップと、個別事業や業務・組織・仕組みの目指すところにオーナーシップを持ってデジタルを梃子とした変革を進めるリーダーの存在が重要であると考えます。

これらの人財を自社でそろえていくのが基本です。一方、各分野のスーパーパーソンが必要なのではなく、その分野の内外の専門家や多様な企業とネットワークを持ち、機能横断的に人財をオーガナイズ（協働・共創）していくことが重要です。

（1）データサイエンティスト

データサイエンティストは、データを活用してビジネスに付加価値をもたらします。分析アプローチの設計、分析の実践と付加価値とその品質・スピードについての改革・改善の提案が必要とされ、ビジネスやマーケティングの能力も必要となってきています。

（2）トランスレーター

経営層とデータサイエンティストを結ぶ役割を「トランスレーター」といいます。これは今、ハーバード大学などで、より重要な役割としてメッセージされています。ビジネスの課題をデータサイエンティストの理解へとつなぎ、同時にデータサイエンティストの分析結果やテクノロジーの解決策が、今取り組むべき課題の解決になっているかどうかを見

極める支援を行います。専門性をつなぎ、意思統一、理解の整合、解決すべき問題・取り組むべき課題に関するマネジメントを行います。

（3）アーキテクト

さらに筆者が重要と捉えている役割が、全体の構造・校正を担うことができる人財です。第３章で取り上げたアーキテクチャー・マネジメント・オフィスがこれに当たります。アーキテクトがテクノロジースタックの全体像、個別スタックの関係性についてアドバイスする役割を担います。

（4）データマネジメント

同様に第３章で説明したデータ・マネジメント・オフィスも重要です。企業活動のマネジメント、アマゾンの例で挙げたビジネスモデルの成長を担うのは、データ活用そのものです。

（5）スクラムにおける、スクラムマスターとプロダクトオーナー

チームで目指すところへ向けて、失敗を許容しながら検証を進める、スクラムでの心理的安全性と、自律した自己組織化の重要な役割を担います。その中でも重要なのが、プロダクトオーナーとスクラムマスターの役割です。

また、トップのコミットメントの役割として、企業として長期に目指すところと存在意義を示し、着手点を明確にした上で、実践面でコミットすることが重要です。10年以上前から、「情報発信製造小売業」「情報製造小売業」という言い方を進化させつつ、ぶれずにグローバルトップを目指し続けているファーストリテイリングの柳井正社長をはじめとして、多くの成長を継続する企業で、これは実践されています。また、同時に着手点での変革をリードし、人財をサポートし続けるリーダーも必要です。

また、進め方について、顧客体験を顧客の立場に立って思考するため

のアプローチ、顧客の共感から解決策を設計していくデザイン思考のスキル、チームの心理的安全性と透明性を担保しながら協働することでアジャイルに活動するためのスクラム、個別のテクノロジーのメンバーが集まりデジタルを梃子にしたビジネスモデルの変革、新価値創造へ取り組むリーンスタートアップについて述べていきます（図表４－５）。

この新たな価値創造、顧客体験の広がりを考えて、試しながら進める方法はいくつかあります。ここでは、デザイン思考、リーンスタートアップ、アジャイル／スクラムに触れることにします。いずれも、受益者にとって価値あることを中心に置きます。そして短期間に、見直しを繰り返し、変化を促せる点に着目して、更新していく方法です。それぞれのポイントに触れていきましょう。

受益者である人々の本来の問題を解決するための考え方としてのデザイン思考、その問題解決の価値をビジネスモデルに育て上げる手法としてリーンスタートアップ、これらを進めていくための組織の運動論であり協働手法としてのアジャイル／スクラムについて説明していきます。これらの手法は似たような要素を含んでいますが、それぞれの視点を能力として持つことが効果的な変革実践につながると筆者は考えていま

図表4-5 新価値創造・アジャイルな進め方

◆顧客体験価値とビジネス性、技術的実現性の検証を繰返し、新たな価値の継続的な成長を実現する

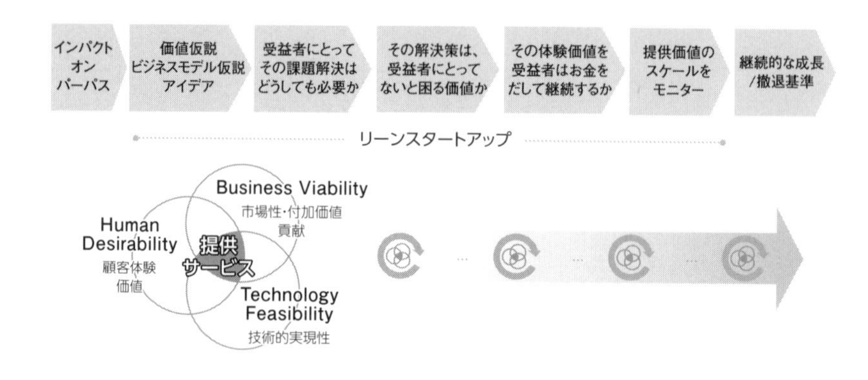

す。それぞれ説明していきます。

デザイン思考：すべての中心に人を置く

デザイン思考は、人である顧客の視点に立って共感を深め（Empathize）、共感を理解し、より深く顧客の課題を理解し（Define）、その解決策のアイデアを創出（Ideate）し、プロトタイプを作成して（Prototype）、顧客にその解決策ともたらされる価値を体験してもらう検証を行い、顧客の評価（Test）から再度共感から繰り返すことで、解決策を顧客視点で創造していくというアプローチです（図表4－6）。

「共感」「定義」「アイデア」「プロトタイプ」「テスト」、この5つを行きつ戻りつしながら進めていきます。何について検討するのか、どのような"人"の問題解決をデザインするのかについては、先に述べたインパクト・オン・パーパスやシナリオプランニングから導出された領域について考えていくことになります。

デザイン思考を提唱したデザインコンサルティングファームIDEOのティム・ブラウン氏は、デザイン思考について、次の3つの制約のバランスをとる必要があると表現しています。

・Human Desirability……人々にとって、その顧客視点に立ったときに合理的に役立つか
・Business Viability……持続可能なビジネスモデルの部分になり得るか
・Technology Feasibility……現在または遠くない将来に技術的に実現するかどうか

そして、人を観察する、実際に自分で顧客の動作を試してみるなど、重要な点がデザイン思考にはあります。インタビューの際には答えを言わず、矛盾を丁寧に掘り下げ、沈黙を恐れず、「なぜ」を丁寧に掘り下

げていきます。「なぜ」を聞いても顧客は返す答えは持っていません。アイデアを出す際にはジャッジせず、メルカリのValuesのようにGo Bold（大胆）に行きます。そして、「Yes and」というようにアイデアを積み重ね、可視化して（書いて、描いて）、アイデアの量を積み重ねます。プロトタイプは質問であって、実演ではなく、アイデアに対するフィードバックをもらうためのものです。

「どのように進めるか」という考え方はプロセス化されており、ツールも用意されています。

多様性のある参加メンバー、手を動かし、挑戦しやすい場を用意して進めていきます。

ここではすべてには触れませんが、デジタルを梃子に進める上で、人を中心に、受益者・顧客視点で考えていく上で重要かつ多く検証されたアプローチです。

＊ NECは、IDEOのティム・ブラウン氏と1990年代から連携。デザイン思考の活用を社会、企業、多様なシーンで実践、お客様の支援に実績の歴史がある。現在はDX戦略コンサルティングの一貫として、オファリングをそろえ、さらに支援を積み重ねている。

顧客体験の例とデザイン思考

クレイトン・クリステンセンは著書『ジョブ理論』の中で、自身がメイヨー・クリニックにかかった経験を「医師にかかるという体験を同クリニックが完璧に統合してくれたことで、障害物を克服する手助けをしてくれた」と振り返っています。

患者ひとりの診察の全工程に担当者がついて、患者の状況から担当者が関係ある専門医を検討し、最良の知見を与えてくれそうな医師をピックアップして、どのような順番で回るかを決め、その日のうちに終わるように予約を入れてくれます。このような患者にとって重荷となることを担当がてきぱきとさばき、かつ前もって患者に伝えてくれ、保険のカバーなど心配ごとも踏まえて解決してくれました。メイヨー・クリニッ

図表4-6 デザイン思考

デザイン思考は、人間を中心に発想・検証し、問題の根本的な解決策を生み出す

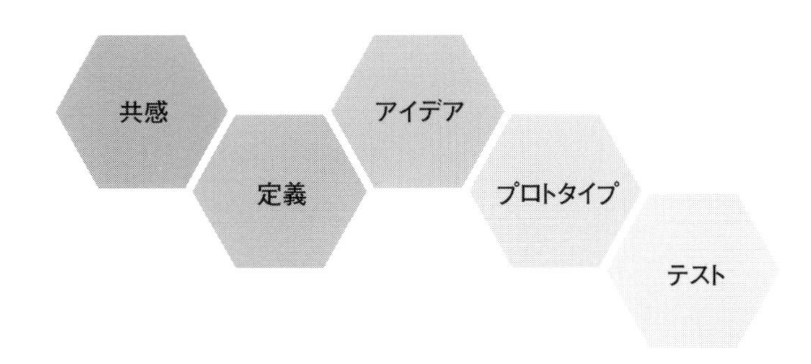

参照：スタンフォード式デザイン思考　ジャスパー・ウ

クでは、患者の立場で、患者が診察を受けて適切な対応を受ける“ジャーニー”のためにこなすべきこと、すなわちジョブを、担当者がつくことで解決していたのです。

同様の体験について、IDEOのティム・ブラウン氏が同社のメンバーのデザイン思考での実体験の調査について、著書の中で触れています。チームメンバーのひとりは患者になりきって、足の怪我を装い、緊急治療室の患者の身になってみました。そして担架に横たわり、わかりにくい受付のプロセス、目的も理由も告げられず待つように指示され、無機質な廊下を進み、強烈な光と騒音に包まれた緊急治療室に入っていき、その不安と心許なさに耐えていたのです。このメンバーの体験記録をもとに、病院とデザインチームの両方で顧客である患者とともにその体験の視点で振り返ります。そうすると病院側は患者のジャーニーを、保険確認、治療の優先づけ、ベッドの割り振りというように、ビジネス上実施してもらう事項をこなす視点だけで見ていたことがわかったのです。そして、患者の立場になってみると、そのプロセスにおける認知の不安、先行きの心配、物理的な無機質な場から感じる不快感、家族への影響への懸念がそれぞれ一連の流れ、プロセス、ジャーニーとして解決すべき

こととして浮かび上がってきました。この体験からわかることは、課題であると同時に、付加価値につながる要素でもあるということです。

さて、前述した2つのストーリーが、患者視点でのジャーニーから解決すべきことを説いています。クリステンセンの記述は「何を解決することに機会があるか」という視点で、ブラウンのチームは一連の体験、そしてその体験が複数のジャーニーにつながっていくことを振り返っています。

デザイン思考のアプローチで重要なのは「共感を起点にして考える」ということです。それでも本当の解決策はすぐには気づきません。そのため、定義、アイデア、プロトタイプ、テストを繰り返していきます。アイデアを書き、描き、プロトタイプをつくり、受益者に試し、意見を聞くことを繰り返すというアプローチです。このようにして、他の方法と組み合わせたり、個別に活用したりしていきます。

ビジネスモデルの検証を通して、市場にフィットさせ、成長軌道へアップデートしていくリーンスタートアップ

リーンスタートアップの手法は、『リーン・スタートアップ』でエリック・リースが商標登録したもので、アジャイルな開発方法とリーン手法（トヨタ生産方式）を統合したものです。リースは、「成功するスタートアップは、リソースを使い切る前に充分なイテレーション（反復）を行うスタートアップである」とも述べています。不確実な状況で、持続可能なビジネスモデルを構築していく方法であり、そのマネジメントです（図表4－7）。ポイントとなるのは「スモールバッチ」「MVP」「計測する数字」です。

ビジョンとして目指す方向から価値仮説と成長仮説を立てていきます。顧客がそのサービス・製品を使うときに、その体験が本当に価値となっているかを試すものです。そして、価値の最小限の束を実装したサービスやプロダクトである、「MVP（Minimum Viable Product）」を創り、見込みの顧客のアーリーアダプターに見せて、検証していきます。

この検証活動は「構築－計測－学習」というフィードバックループを

図表4-7 リーンスタートアップ

リーンスタートアップとは、顧客検証を通じてビジネスモデル全体を修正していき、
市場にフィットさせるためのマネジメント論である

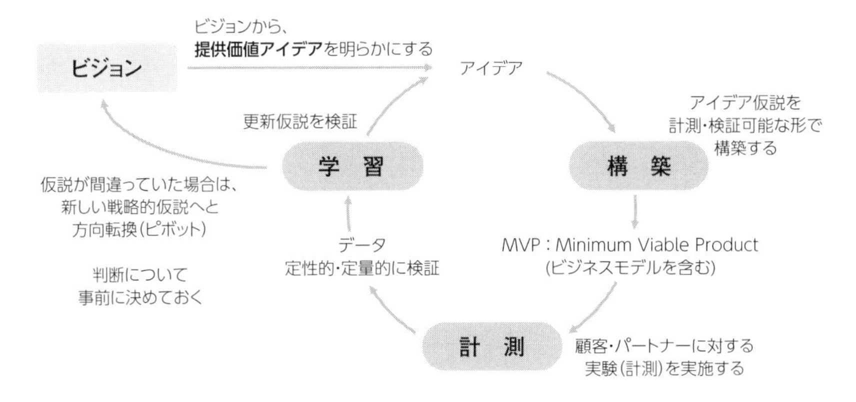

繰り返すことで行われます。フィードバックループとは、具体的には「仮説を立てる（構築）」→「実験してデータを得る（計測）」→「学びから次のアイデアを得る（学習）」というサイクルのことです。このとき、仮説に誤りがあれば、ピボット（方向転換）をし、新しい戦略仮説を立て直していきます。

「構築→計測→学習」のフィードバックループを回す際のポイントは、最初に「何を学びたいか」を考え、そのための実験を計画し、前述のMVPをつくって実験を行うことです。MVPは、最も仮説の価値を欲しいはずのアーリーアダプター向けに準備します。このサイクルを小さく高速で回し続けることによって不確実性を下げていきながら、意思決定を行っていくのです。

計測する数字は、アーリーアダプターの行動を変化させられているかどうかを検証できる数値として追いかけます。

仮説検証を行っていくにあたって、実際に顧客の行動が変わっているかを検証することに意味があるのです。現状を知り、仮説として想定していた顧客行動の変化の度合いは、より良くなっているか、方針転換は必要か、などとなります。このとき、ばらばらに検証するのではなく、

価値と成長について、仮説と何が違ったかについて検証することが重要です。顧客の体験や行動を直接測定し、データとして収集し、分析していくのです。ここでいう行動とは、具体的に次のような指標です。

・うれしい
・使い続けたい（そのプロダクトが使えなくなったらどう思うか）
・お金を払ってもよい

たとえば、スマートフォンアプリケーションであれば、アクティブユーザー数やアプリの総ダウンロード数のような結果指標を用いるだけでは、顧客の行動を正しく理解することはできません。

「うれしい」であれば、SNSのようなアプリは「日々の投稿数・『いいね』をつける数」「画面のスクロール数」といった行動データの変化から推定できるかもしれません。「使い続けたい」であれば、ダウンロードしてからのアクティブな継続利用日数、一日の起動回数といったデータを使うことができるでしょう。「お金を払ってもいい」は、アプリを紹介するウェブサイトにおいて購入のボタンのデザイン（色・大きさ・場所）を変えたサイトを用意してABテストを行い、購買や利用継続の実際の行動の違いを検証する方法があります。

一次データだけでなく、Webなどのトラフィックから得た、いわゆるITを活用して得た二次情報も収集し、解析します。世の中における商品のポジションや過去の変化などを把握できるからです。

「『使い続けたい』との行動データが取れていれば、それでいいのでは」と考える人がいるかもしれません。しかし、データは継続的に取ることが重要です。人は様々なバイアスに晒されているため、行動変化を捉えなければ対策を打つことができません。バイアスを取り去るために、使い続けなかったらどう思うかなど、現状否定の質問を投げかけてみます。

バイアスへの配慮に関しては、データを検証するチームが必要となります。結果から意思決定をする人やチームを分けて業務を進めることで対応します。

仮説検証の継続では、顧客の立場に立ち、どのように認識されているのか、ビジネスとしてはどうなのかを検証し、常に見直し続けることが重要です。

顧客の問題解決が本当にできているかどうかについての仮説検証は、ここまで述べてきたように、ビジネスモデル、テクノロジー、将来の実現性、リスクなど、様々な要素が複雑に絡み合っているものです。そのため、全体を俯瞰・統合して、解決策と受益者にとっての価値を検証するとともに、個々のチームやレイヤーにとって、コンポーザブルな組織であることが求められます。

もう1つ、特に現在のサービスやプロダクトにリーンスタートアップの考えを導入する場合、「なぜ、その顧客の価値に取り組んでいるのか」を忘れずに物事を進める必要があります。言い換えれば、「パーパス・ミッション・ビジョンで目指す姿から逸脱していないか」どうかです。

ここから逸脱すると、企業の方向性と関連性がない場当たり的な新規事業や取り組みが乱立することになります。だからこそ、前述の「バックキャスト」の手法を通して、組織の中で、パーパス・ミッション・ビジョンの整合を図ることが重要となります。

その上で、フィードバックのサイクルを回していけば、それこそ顧客にとっても、企業にとっても、そして社会にとっても、本当の意味で価値あるトレードオフを解決するようなサービスやプロダクトを実現させることができるのではないでしょうか。

情報の報告・共有が毎日行われるアジャイルな進め方とスクラム

デジタルを梃子にした変革と、顧客体験価値とコンポーザブルなビジネスモデルの継続的な更新・再構成・組み換えの実践においては、アジャイルな進め方が重要になってきます。これまで述べてきたスポティファイが、企業全体として、小集団のアジャイルでフラットな組織の集合体になっていることも、後述のダイムラーの変革をはじめスタートアップ企業から従来の企業まで、短い単位でPDCAを繰り返すアジャイルな進め方は、これからの組織における必須能力の1つと言えます。
元々は一橋大学大学院の野中郁次郎氏と竹内弘高氏が『ハーバードビジネスレビュー』に「The New New Product Development Game」というタイトルで、柔軟で自由度の高い開発手法をラグビーのスクラムにたとえて紹介したのがきっかけです。これを参照し、同時期に進みつつあった方法をまとめたのが、スクラムの考え方です。野中氏と竹内氏の論文に着想を得て、組織において実践が進み、いくつかの実践が進んだ後に、ジェフ・サザーランドとケン・シュウェイバーが「The Scrum Guide」としてまとめ、更新し続けています。
スクラムについて、野中氏は「真剣勝負の知の創造プロセスが凝縮されている」と述べています。毎日行う振り返りの15分について、短時間で全員が話すため、「昨日の経験を振り返り、問題を徹底的に考え抜いた上で喋らなきゃいけない。つまり、一人ひとりエッセンスはなんだ、と言わせるわけです。同時に今日やることも共有します。それが全員一巡すると、もう先が見えちゃう。問題の本質を共有することで、全体像だけではなく、起こり得る問題が全員で先読みできるわけです。過去、現在、未来が集合的に凝縮する。立ったまま互いの間合いをとって朝会をやることもありますが、会が終わったら、すぐに自分のやるべきことに対して、全員が機動的に動きだせるわけです」
野中氏のこのコメントに、筆者も実感するこのアジャイルな進め方の意味が詰まっているように思います。
複雑な問題に対し、完璧な解決策を一度で導き出すことは難しく、不完全な解決策を素早く出して受益者に試し、ともに学ぶことで改善していくという進め方です。
スクラムは、「複雑な問題に対応する適応型のソリューションを通じて、人々、チーム、組織が価値を生み出すためのフレームワーク」であると『スクラムガイド2020年版』では述べられています。
これは、透明性、結果責任で見える化・標準化された共通理解に基づく進め方です。また、スクラムの作成物やゴールの進捗は日々行い、好ましくない変化は検知し、最大効果へとつなげます。毎日課題を共有していくときには、まずそのチームの中で心理的安全性を確保し、透明性を共有しながら、その中でみんなの時間が一番の資源なので、それを無駄にすることなく進めていき、そのためにチームが協働・共創していくことに意義があるのです。これは開発だけではなく、何かを進めるチーム全体に関わる話となります。また、有限資源である時間を有効活用するために存在するスクラムマスターと、提供価値に対して、最終決定するプロダクトオーナーを分けて進めています。

（1）プロダクトオーナー

作成するプロダクトやサービスに対して最終決定の権限と責任を持つ人です。プロダクトやサービスに対して実装するべき機能や優先順位を常に管理し、方針を維持する責任を持ちます。

（2）スクラムマスター

スクラムを推進し、プロダクトやサービスの一つひとつの機能の実装や開発に責任を持ち推進する上で責任を持つ人です。チーム全体が自律的な行動を行っているか、活動が停滞していないかを常にチェックしながら、チームの成果を最大限に引き出すことが、その役割となります。

スクラムの場合、プロジェクトマネージャーは存在しません。スクラムマスターは、トップダウンで意思決定や作業指示を行うことはせず、プロダクトオーナーと開発チームがプロジェクトを円滑に進めるためのサポートを行います。 問題が起きたときは、プロダクトオーナーと開発チームが意思決定できる場を設け、プロジェクトが止まってしまうことを回避します。またはその前兆を事前に察知し、プロジェクトが止まってしまいそうな障害を先回りして取り除くことに努めます。

『スクラムガイド』で定義されているスクラムの価値基準である「コミットメント」「勇気」「集中」「オープンであること」「お互いの尊敬」という5つの価値基準も、学習・探索を促進します。これもまた、投入資源を有効に活用して価値を出していくコンポーザブルな行動の束であると考えています。

図表4-8　アジャイルに進め、目指すところを実現する

不連続な解決策の具体化を繰り返し目指すところを実現する

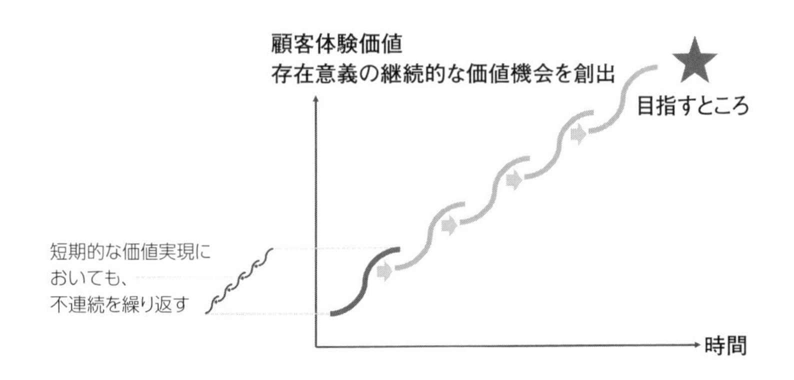

アジャイル／スクラムのフレームワークは、開発業務だけでなく、チームで何かを進める際にも大いに役立つ手法であると言えるでしょう。そして、このような環境が互いの能力を高めることにもつながり、その結果として、それぞれがコンポーザブルでありながらも、要素、能力が高いレベルにある理想的な組織になると筆者は考えます。小規模の組織単位で受益者・顧客体験に向け、価値を実現するためのイノベーションに取り組むことで、その組織単位を支援する体制を整備していく動きは加速するのではないでしょうか。企業全体においてアジャイルな小単位の組織で成長を続けるスポティファイ、多数のスクラムチームを組織内に持つアマゾン以外においても、アジャイルとスクラムの活用が進みつつあります。不連続な状態で必要とされているのは、価値実現・解決策の具体化を積み重ねて成長し続けることです（図表４－８）。

従来とは異なる価値、問題の解決を実現するには、計画どおりに進めるのではなく、試行錯誤を繰り返して進めることが重要です。不連続な解決を繰り返した末に、目指すところへたどり着きます。その目指すところは、顧客の驚き・発見・トレードオフの解決であり、企業の存在意義がセンスメイクされた未来像になります。

4―4 挑戦を継続する日本に変わるために

歴史ある大企業も顧客視点でアジャイルな変革に取り組む

ドイツの老舗自動車メーカー、ダイムラーの取り組みについて紹介したいと思います。自動車のような長い歴史を持つ分野で、かつダイムラーほどの歴史ある大企業でも、「変わることができる」「変えよう」というマインドを持ち、変革を継続しているのが特徴です。

マイバッハ、メルセデスベンツといった高級ブランドの自動車だけではなく、2008年からCar2goという乗り捨て型のシェアリングサービスなど、新しいモビリティサービスを世界で進めているのが、ダイムラーです。

このような新しい事業を生み出すための組織改革にも、同社は創業から1世紀以上経つ会社であるにもかかわらず、果敢に取り組んでいます。

2016年、ダイムラーはCASEという中長期戦略を発表しました。今やすべてのモビリティ関係企業が挑む「100年に一度の変革期」を最初にメッセージしたことになります。CASEとは「Connected（つながる）」「Autonomous（自動運転）」「Shared & Services（シェアリング）」「Electric（電動化）」の頭文字を並べた言葉です。

この変革に迅速に対応していくために、ダイムラーはswarm組織を実装しました。自動車をつくるためには多様な機能の専門性が要求されます。これまでは機能別のピラミッド構造の組織でした。それでは機能横断に新たなサービスを検討する際に、機能組織ごとに意思決定が必要で時間がかかってしまいます。新たな取り組みに積極的な同社ですが、さらにスピードを上げるため、図表4－9のように意思決定の階層を2階層に減らし、新たな創発を進める1886labチームと、実際の事業化を進めるCASEチームに分けて、アジャイルに進めてきました。現在、1886labは、1886Venturesと別会社になり、ダイムラーをクライアント

図表4-9　ダイムラーの組織変革：swarm

経営直轄のフラットな二階層の組織。
1886Venturesからの案を従来組織と相互連携してアジャイルに具体化する。
魚の群れ（swarm）のように、一人ひとりが自主性を持ち、アジャイルなチームで活動しようというもの。

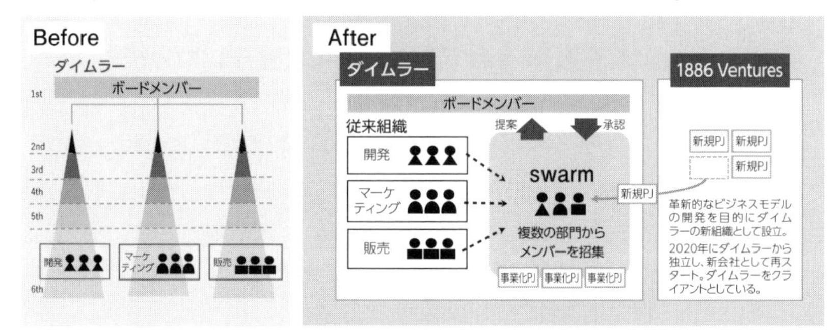

出典　Daimler "Daimler's Lab1886 innovation forge to be reorganized" Roland Deiser "Part 5: Agility in practice: The swarm organization at Daimler (Jul 2019)" THE DIGITAL TRANSFORMATION PEOPLE

として稼働しています。

CASEの1チームは30人ほどで、これが180程度のプロジェクトで動いているようです。30万人の社員のうち6万人がCASEに参加しています。CASEチームは、従来組織の開発、生産、販売とも連携し、実際の事業を進めています。カーシェアサービスのシェアナウ、モビリティサービスの検索・予約・決済のリーチナウ、タクシー配車サービスのフリーナウ、駐車場の検索・予約・決済、25か国10万を超える充電スタンドの検索・予約・決済のチャージナウといった、新たな会社をBMWとダイムラーがそれぞれ持っている企業と統合することで、迅速に解決を実現しています。たとえば、シェアナウでは、ダイムラーのCar2go、BMWのDriveNowを統合し、300万人の顧客を抱える企業へと移行しましたが、決済統合ではスタートアップのStripeと連携し、6週間で統合を進めています。

コンポーザブルに再構成・組み換えを継続し、アジャイルに進めることで、従来の企業のケイパビリティも活かしていく1つの事例と言えるでしょう。

アジャイル、デュアル（社内）×ソーシャル（社外）でイノベーションを加速する

先に述べたダイムラーのswarmは、従来の自動車の価値づくりのケイパビリティと、これからのモビリティサービスでの顧客体験についてのイノベーションの両方をリードし、付加価値を創造していくための新しい取り組みです。

ハーバード大学ビジネススクール名誉教授のジョン・P・コッター氏が、著書『実行する組織』の中で紹介しているデュアルシステム（図表4－10）の実践版とも言えると思います。

ダイムラーは、組織の蓄積を活かしつつ、機能横断に新たな価値創造への取り組み、アジャイルな進め方という両方に挑戦しているのです。

さて、コッター氏は著書の中で、まさに本書で筆者が紹介しているように、世の中の変化スピードが加速しているが、その加速度があまりに大きいために、企業は顧客の期待に応える価値を十分に提供し切れていない、あるいは把握し切れていないと述べています。

その原因として、コッター氏は階層型組織に原因があるのではないか

図表4-10　**デュアル・システム（社内）× ソーシャル（社外）**

デジタルを牽引する個人。通常組織と、プロジェクトにデュアルに参加し、社外ともつながる

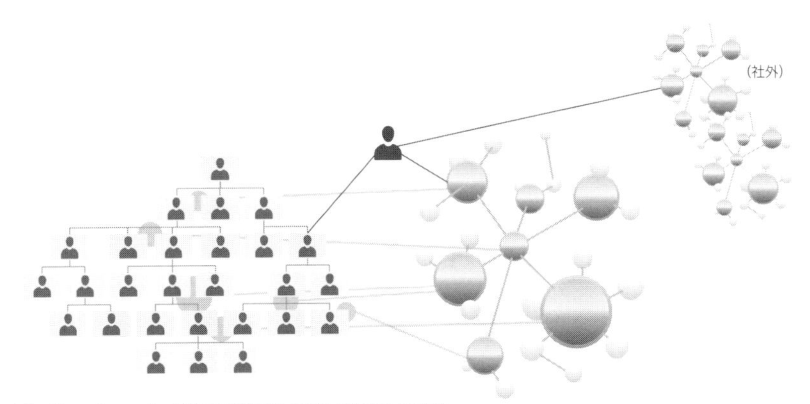

出典：ジョン・P・コッター『実行する組織』（ダイヤモンド社）をもとに加筆

と推察しています。階層型組織とは、機能別の縦割り型の組織であり、このために意思決定のスピードは遅くなり、多様性を活用することが難しくなるといったことなどを挙げています。

デュアルシステムとはまさに言葉どおり、従来の階層型の組織にもう1つの組織を加えた組織構成です。もう1つの組織は階層型ではなく、機能横断のネットワーク組織です。それは今、社内外において、必要な能力と協働・共創が重要になっているからでしょう。一方で、従来型の組織の蓄積・知見も競争力になる場合が多いと思われます。そのためのデュアルなのです。ダイムラーのswarmは、これまでのバリューチェーンに応える従来型の組織とアジャイルとの組み合わせを活かしながら、デジタルを活用して新たな価値を創造していくための1つの方向と言えるかもしれません。

『両利きの経営』で言われている「知の深化*」と「知の探索」においては、もちろん両方が必要です。日本企業では「知の探索」とイノベーションの本来の意味合いである「知の新結合」を加速させることが必要だと言われています。一方、デジタルをフル活用していくには、ここまで述べてきたように、顧客体験の成功を継続させることと価値づくりのバリューチェーンを統合していくという両方を活用することが求められます。

*「知の深化」は「すでに持っている知識を深掘りする行為」、「知の探索」は「新しい知識を探し求める行為」を指す。

前述したスポティファイは、アジャイルな価値づくりを行う小規模な組織を、ほぼフラットであり少ない階層でマネジメントする仕組みを導入することで成功しています。つまり、複数のアジャイルチームと、機能別支援のマトリックスな構成になっているのです。

これは、オランダ発祥の世界的な金融機関であるING、日本では各種グループウェアや業務アプリの開発基盤「kintone」などを手がけるソフトウェア開発会社サイボウズなどで実践されています。

アジャイルについては、先に少し述べましたが、スタートアップ企業などゼロからスタートする企業において、よりフラットで個人が自立・自律した取り組みがなされることが多いようです。組織において活用される共通の機能やデータなどの標準を徹底させているのが特徴です。つまり、コンポーザブルな仕組みが組織として用意されていると、フラットで自立・自律し、外部との連携を高めていくアプローチが有利に働く機会が多くなるのかもしれません。

顧客体験とバリューチェーン、そして個人の働き方を加えて、より自由度とスピードを増していく方向は、これからも変わらないでしょう。企業それぞれにおける現時点の立ち位置は違ったとしても、ここで述べたデュアルと大規模なアジャイル・フラットな組織にしても、これからコンポーザブルな仕組み・アプローチは、ますます重要になってきます。

失敗したくない、失敗させたくない、失敗という現象を許容しない文化からの脱却 従来の経験と異なる結果が出ても受け入れる

「新たな価値創造に挑戦するチーム、そのための仕組み」。これをどう構築するかが、コンサルティング支援や事業会社における実践の中で、誰もが初期に直面する課題です。日本文化の「失敗したくない」というマインドがこれほどまでに組織に根づいているのかを実感する場面でもあります。新価値創造のチームも、それを軌道に乗せたいマネジメントも、失敗したくないため、相手の様子を見る、あるいは従来の経験から抜け出せない。このような状況において、新しい価値を創造するメンバーやチームに対して、リーダーなどのマネジメント層はどのように対処すればよいのでしょうか。

筆者が実際に経験した事例を紹介します。大手企業で新価値創造の仕組みをつくっていくために、新事業のアイデアから検証の実践まで関わっていました。マネジメントのレビュー前になると、どうしてもチームに力が入る一方、きれいな絵を描くことに尽力するようになり、先に述べた仮説とのギャップの検証ではなく、様々なアイデアをプロダクトに足して部分部分として良くなった数字をあげようとしていました。

結局プロジェクトが進まなくなる直前に、うまくいかない理由を聞い

てみると、失敗を咎められることをとにかく避けたかったということでした。逆にマネジメントも、自身の経験からつい現場に口出ししてしまうというのです。自分の知っている分野では、失敗から学ぶことを積み重ねていても、異なる事業分野では、どうしても自分の理解を超えてしまうことがあったようです。

メンバーとマネジメント双方が失敗をしたくないし、それを許容できないという日本文化らしい経験でした。個々が理解しているつもりでも、組織知として染みついていることからの脱却は難しいということです。新事業に留まらず、デジタルを梃子に変革を進める場合には、従来の経験とは異なる結果や示唆についても、まずは現実をしっかりと受け止めた上で、検証すべきこと、目指すべきことに立ち返って評価を進めることが重要である、ということを改めて認識させられました。

もうひとつ、新たな取り組みを行う場合においては、撤退のルールを決め、仮に失敗や撤退があってもそれを経験として評価することとセットで進めていくことが必須です。失敗を振り返り、それを教訓とし、そこで得た知見を組織の形式知として蓄積していくのです。最近は新事業について、ここまで含めた体制・ルールを整備している企業が増えてきました。デジタル変革においては、新事業に限らず見直しも含めて挑戦を許容していくことが、結果的に大きな成果に変わっていくと考えます。

そして、いずれの場合も、その取り組みを加速するのが、ここでお話したコンポーザブルな進め方なのです。

4―5 企業も個も、自ら未来を創り続けていく

最後に、これまで紹介してきた内容のまとめとして、大きく3つの内容をお伝えしたいと思います。

①未来をセンスし続ける

自社の目指すべきところ、存在意義としてのパーパス、目的・ミッションと将来像のビジョンから目指すべき未来を描き、そこから今へとバックキャストさせたビジネスモデルの成長シナリオを描けているでしょうか。グローバルに地球の環境や社会の継続性を考え、かつ多様性や人々の幸せの継続についてそれぞれに応えることと、付加価値を創出し続けることに対する両立のビジネスモデルと成長シナリオについて準備しているでしょうか。そして、それらを整合し相互に成長していくという関係になっているでしょうか。

存在意義に対するインパクトの大きさと取り組みの困難さが、継続的なイノベーションの源泉となります。その源泉に対し、デジタルを梃子に付加価値に転換した企業が、成長を継続し続けることができるのではないでしょうか。そして、ここまで述べてきたように、多くの企業がそれらを行うことで成功しています。さらにESGに対する投資も集まっています。グローバルに成功した企業は、すでに2000年以降にESGに対しても、デジタルを活かしたビジネスモデルで着手しています。日本の経済成長の遅れの1つは、ここにもあるのではないでしょうか。

顧客の体験を継続的な驚き・発見・成功、従来の視点でのトレードオフを解決し続けていくことは、今後も価値の源泉です。加えて、持続的な社会と多様性や人々のより自由な選択の実現と、ビジネスにおける付加価値の創造の両立を目指すことが、新たなイノベーションを促しています。世界がつながり続け、ヒト・モノ・コト・キャッシュ・時間の振る舞いがデジタルに記録されることで、過去の分析と将来のシミュレー

ションがより多様に可能となりました。私たちは従来の枠組み、業界、ルールなどの制約に囚われすぎていないでしょうか。制約を突破していくためにグローバルの変化・テクノロジーの深化を、センス、解釈・意味づけし、行動を通して実際に働きかけることにより、学習し続けることが必要です。

パーパスに沿ってどこまでも顧客体験のジャーニーは、広がっていきます。この顧客体験のプラットフォームとその体験価値を補完するエコシステムのプラットフォームは、ジャーニーに沿って成長し続けます。私たちはこの成長に自社の付加価値を組み合わせることで、新しいビジネスモデルを描けるはずです。その付加価値を創るバリューチェーンは、より統合・拡張され、つながり、持続的な社会の継続と自社の将来を両立させ続けることができるはずです。変化の加速、不確実を前提に将来像を描き、更新し続けることが、変化を機会にすることにとって、必須となっています。

その未来においては、企業が相対する、顧客、資本、人財、これらを取り巻く社会の持続性に応え続けていくことで、自社とこれらに対して付加価値をもたらし続けるはずです。

②アジャイル・顧客体験の視点

未来は、行動してこそ具現化されます。社会における自社の存在意義を問うことで、社会課題の解決と付加価値の創造の両立を実現させることが、イノベーションの機会となり、新たなビジネスモデルの創造が継続されます。そして、その具体化のために有形・無形の資産を選択・活用していくという戦略の仮説を立て、その仮説を試し、迅速に更新していくアジャイルな進め方が必須となります。自社を取り巻く環境の変化は、加速し続けるからです。

まず顧客の視点で、感動し、気づき、想定以上の実感を得ることができることを試していくことが重要です。その視点で解決したいトレードオフはあるでしょうか。顧客があきらめている問題解決はないでしょうか。目の前の顧客に際立って価値があることは、グローバルの環境でも機会があるはずだからです。

顧客に求められる可能性があれば、第3章のテスラの例で挙げたように、ビジネスモデルの具現性、テクノロジーの実現性について、引き算で考えて、挑戦を試し続けていくことです。将来を自分のものにするために、今試すべきことから進めていきましょう。これまで述べたように、バックキャストして将来と今を考えていく方法、顧客体験の視点から考える、アジャイルに価値を創造する、リーンにMVPから成長を継続していく、コンポーザブルにビジネスモデルや自社のテクノロジー構造を設計し実装することが重要です。それを実現させる方法と必要な能力は、明確になっています。「試せるところからやってみる」ことから始めてみましょう。

③付加価値・社会価値の創造継続と共感の継承のためのコンポーザブル

ビジネスモデルは、以下のことを想定し、再構成・組み換えられて成長していくことを前提として、構想・設計をしておく必要があります。

まず、顧客体験のジャーニーに沿ってつながり続ける体験価値のプラットフォームと、その価値を補完するために必要となるエコシステムのプラットフォームがカギとなります。プラットフォームは、必ずしもすべての人や企業顧客を対象にする必要はありません。自社にとって目指すところである領域を選択し、初期に競争力のある付加価値を生み出すことから始めることで、価値のつながりにより、顧客と価値を新たに創造し続けることで、それらをさらに進化させていくことができます。

そこで体験することで価値をつくるバリューチェーンは、統合度を高めつつ品質を高め、安心と安全のレベルを上げ、環境と社会の持続性に貢献することで、価値提供のスピードを加速していきます。バリューチェーンを統合してマネジメントを行うことが重要であり、社内・社外のリソースを活用していきます。たとえば、アマゾンやショッピファイのようにECで受注から配送までのフルフィルメント機能を自社で持つことができれば、そのまま顧客への提供サービスになります。また、テスラのようにエネルギーとモビリティのバリューチェーンをつなぐことで、一連の価値創造の機能連携も進めることができます。

第３章で説明したように、ドラッカーは「これからの社会ではミッション・ビジョン・バリュー以外はすべてアウトソーシングできる」と述べています。これからは、パーパス・ミッション・ビジョン・バリュー以外は、アウトソーシングを含めてビジネスモデルと企業の能力をコンポーザブルに再構成・組み換えて、従来とはまったく異なる社会・業界を創っていく時代であると筆者は考えます。存在意義の価値の可能性という意味では同じですが、このコンポーザブルな進め方が可能になり、それらを活用していくことで、不連続な進化が実現され、これを前提とした競争・共創がはじまり、加速している状態となっています。

ビジネスモデルと自社で働く人の価値基準・行動基準に関しては、前記を前提に考えておくことが必要です。つまり事業環境変化によって、自社のビジネス構造が変わっても、企業として目指すべき顧客への価値の意義、それを具現化するために人が実践すべき意思決定の基準、行動の指針はそれらを継承し続けるという、普遍性を伴った設計が求められます。

さらに働く人が、企業として目指していること、存在意義、付加価値は何かについて、自問自答することが大事であり、そのために必要とされる価値基準・行動基準であるバリューについて、理解・納得・コミット、腹落ちがなされていることが必須です。

その上で、業務の機能、プロセスの最小単位は標準化され、相互の接続のインターフェースも標準化されていることが重要になってきます。第３章で述べたように、価値の差異化に関わらないシステムの機能は、標準の機能を使うことを前提とし、そのためにデータを活用するために必要となるインターフェース、APIの標準とデータマネジメントの標準を徹底していきます。

そして、ビジネスモデルは変化を機会として捉えることでアップデートされ、働く人は最大限にクリエイティビティを価値基準に沿って発揮し続けていくことでしょう。

これらが、コンポーザブルな考え方です。

ネットワークに、ヒト・モノ・コト・キャッシュがつながり、それぞれが相互にコミュニケーションし、さらにはそれぞれの行動がつながり、データとなり分析・活用される時代になりました。このような過去30年の進化は今後も、相互作用し続けながら、加速し続けていくでしょう。

冒頭で紹介したとおり、このような変化はリスクを伴いますが、それを含めて機会と捉えるべきです。ビジネスのプラットフォームを構築する閾値は下がっています。企業が目的を実現するために、資産・資源を選択し、活動や投資を実践し、その達成へ向けて更新していくことが戦略です。顧客にとっての価値が体験であり、実感に移ることで、無形価値、無形資産が重要になってきています。顧客や補完プレイヤーなどのエコシステムに関する資産、顧客・企業活動・ヒト・モノ・コト・キャッシュすべての行動データとデータベース、活用していくソフトウェア、価値基準を徹底するための継続的な教育も必須でしょう。

今までとはまったく異なる顧客体験を、どのように自社の未来像とビジネスモデルに取り込んでいくのか。それらに取り組むために、ビジネスモデルの再構成・組み換えを進めていく機会は、ネットワークが成長し、つながりが広まり続ける中、自社の目指すところからグローバルにどこまでも広がることでしょう。

このような変化を楽しみ、個人の挑戦として、生きがい・働きがいを感じ、クリエイティブを発揮する人財を集め続け、コンポーザブルな取り組みを駆使し、ビジネスモデル変革と新価値創造を主体的にリードしていく。そのような取り組みを行うことのできる人財に対しては、権限委譲や挑戦の場を用意し、同時に、働きやすく・生きやすい仕組みも社内において再構成していくことが重要です。

最小資源の最大活用を是として、自由と選択から逃げないことが、現在の日本にとって最も必要とされることです。しかも、その取り組みの閾値は、これまでないほどに下がっているのです。今こそ一歩を、踏み出すタイミングではないでしょうか。

Column ⑦

DXを推進するのは「人」
～「個」の能力を引き出すNECの人事戦略～

NEC DX戦略コンサルティング事業部
エグゼクティブ コンサルタント リード
戸田雅仁（主筆）

NEC DX戦略コンサルティング事業部
エグゼクティブ コンサルタント リード
川上隆之

「適所適材」の人財配置とコンピテンシーの強化がDXを前進させる

今、DXを推進するために不可欠な「デジタル人財」が求められています。自社内で育成する場合には、まず必要となる人財像を定義すべきです。そのためには「企業として何を目指すのか、何を為したいのか」を事業目標や経営戦略として明確にしなければなりません。今日においては、企業経営や事業変革そのものがデジタルトランスフォーメーション、すなわちDXと言っても過言ではないでしょう。そして、それを達成するために必要なデジタル人財戦略を設計し、必要となる人財の役割、キャリア要件を明文化する必要があります。その上で必要なスキルを定義するとともに、継続的なスキルアップとキャリア形成の仕組みを用意し、人財を育成していくのです。

たとえばNECでは、まず役割やポジションを定義し、そこにマッチする人を充てる「適所適材」の考え方に基づいたJOB型人事で人財を配置し、タレントマネジメントを行っています。

私たちに相談を寄せてくださるお客様の中には、そもそもどのような人財を求めているのかが不明確だったり、曖昧なイメージをもとに社内人財から発掘、育成しようと試みたり、デジタル人財の活用計画なしに採用・育成を始めてしまう状況が散見されます。

その企業が目指す方向性に沿って必要な役割を定義しなければ、そもそも現有の人財を当てはめることができるのか、あるいは育成や採用が必要なのかもわかりません。そのため今のうちから、社内人財の能力の棚卸、人財データの見える化・デジタル化を図り、自社にどのような人財がいるのか、人財のデータベースを整備すべきです。

また、こうした取り組みの中で、企業が目指す方向性に対して、スキルのアンマッチが起きやすく、透明性が高く公正公平な評価制度を実現することが難しくなります。その結果、従業員のモチベーションが下がり、せっかく採用・育成し熟練した人財が流出するリスクが高まります。ここで強く認識しておきたいのは、育成も、評価制度の策定も、ゴールはないということです。時代の流れや企業の目標や課題に応じて、求められる役割は変わります。つまり、継続性が大事なのです。

デジタルシフトが加速する中で変化する人財像

デジタルに取り組もうとする多くの企業では、データサイエンティストをはじめとする技術寄りの人財に着目しがちなのですが、「デジタル人財＝ICT スキル」だと考えてしまうのは、近視眼的だと言わざるを得ません。それだけでは不十分であり、ビジネスとテクノロジーを結合してデザインする力を持った人財が必要なのです。

さらには、アジャイルな進め方やタスクの細分化・分業が進む中で、それらを束ねることができる統率力を有し、多様なステークホルダーを結合して指揮できる、オーガナイザー人財が非常に重要です。

それぞれの企業ごとに具体的なスキル定義が必要ですが、共通して言えるのは主体性を持っていて、既成概念やしがらみに囚われない突破力があり、周りを調和させて巻き込む力。いわゆる「コンピテンシー」を強化することが、優秀なデジタル人財の育成において大切です。

「キャリアは与えられるものではない」というマインド変革を

では、リスキリング（再教育）やキャリア形成のためには、何が重要でしょうか。それは、「キャリアは与えられるものではなく、自身で設計するものである」というマインド変革です。この変革は従業員任せにするのではなく、企業として後押しすることが欠かせません。

情報処理推進機構の調査報告書によると、会社の命令で異動する人が9割であり、自ら動く人は非常に少ないという結果が出ています。人財の流動化が進まない背景には、自信が持てない、学ぶ時間がとれないといった課題が考えられます。

そのため企業は、従業員に学習の機会を与えることが重要です。たとえば、新たな戦略を実行する際に、従業員の能力やスキルをそれに合致するようリスキリングする必要が発生します。

NECの例をご紹介しましょう。これまで実施した施策の1つに、5つの「Code of Values（行動基準）」の制定があり、人事評価では、これを体現できているかを見ています。この基準にある「組織はオープン、全員が成長できるように」は、自ら学ぼう、成長しようとする背中を押すものです。制度面でも、10年ほど前から直属の上司に伺いを立てることなく異動を申請できるようになっており、新しいキャリアにチャレンジしたい従業員が積極的に活用しています。私のチームにも、システムエンジニアや営業からキャリアコンサルタントにキャリアチェンジしたメンバーがいます。まさに自分でキャリアを考え、それを掴み取ってステップアップしていく環境なのです。

また、「Code of Values」には「視線は外向き、未来を見通すように」があります。至って当たり前の言葉だと思われるかもしれませんが、掲げるだけの存在ではなく、従業員一人ひとりに浸透してきたからこそ、DX に対応できる組織に変わりつつあるのだと感じています。

「データドリブン人事」で公正公平な評価制度の実現を

人事におけるトレンドに、JOB 型人事制度の導入があります。JOB 型人事制度で重要なのは、評価対象となる仕事や成果を可視化することです。極論を言えば、100 点満点の人事考課というのは、不可能だと考えています。だからこそ、評価する側にとっても、される側にとっても納得感のある合意形成が重要なのです。そのためには、公正公平であることです。公正公平な評価制度でなければ、せっかく育成した人財の流出リスクが高まります。

特に最近はコロナ禍によるリモートワークによって、評価が難しくなっています。以前は上司が直接職場で部下の働きぶりを見て評価できていましたが、リモートワークが進んだことで、それが困難になりました。デジタルツールによる業務のデジタル化、見える化により、データに裏付けされた成果の評価が可能となります。

さらに、何をしたら評価されるのかを、わかりやすい基準を用いて期初に合意しておくことが重要です。そのためには、可能な範囲でアウトプットの標準化や、生産性の定量化ができることが望ましいと考えます。

また、「データドリブン経営」を志向する企業が増えていますが、事業環境や実績の分析にとどまらず、各個人の業績評価についてもデータに基づいて実施する「データドリブン人事」の仕掛けも導入すべきではないでしょうか。

加えて、個人の能力を活かせるよう、複業や自由な場所での勤務など、働き方の選択肢を複数提供することも重要でしょう。優秀な人ほど能力を発揮しやすい環境を求めて離職する動きが海外では見られます。働き方についての価値観は、日本でも大きく変わってきました。アウトプットを重視する評価制度を真剣に取り組むべきときが来ています。

Column ⑧

日本のモノづくりの競争力を取り戻す サービタイゼーション

NEC DX戦略コンサルティング事業部
エグゼクティブ コンサルタント リード
熊谷健彦（主筆）

NEC DX戦略コンサルティング事業部
フューチャー・クリエーション・デザイン
シニアマネージャー
安 浩子

単なる「モノづくり」から「価値を販売」するビジネスへの移行

2000 年代以降、アジアを中心とした新興国のメーカーが、安価な労働力を背景に台頭するようになっています。さらに近年は、コスト面だけでなく、性能面でも競争力を持つようになりました。そのため、日本企業は国際競争において、一段と苦しい立場に置かれています。

現状を脱するためには、日本の強みである高品質・高性能のモノづくりを維持した上で、メーカーは新たな価値を提供することが必要です。そのひとつが、顧客が生み出したい成果（アウトカム）に貢献することであり、メーカーは従来のモノづくりから「価値を販売する」ビジネスへの変革が求められています。

たとえば、産業機械メーカーの場合、顧客企業が求める成果は、機械を所有することではなく、その機械を利用してサービスや製品を生み出して利益を上げることです。そのためには、これまで、機械を購入した顧客企業が実施していたメンテナンス業務まで含めて、メーカーがこれらをサービスとして提供することで、顧客企業に対して「製品の稼働」を提供するビジネスモデルの転換を図ることが重要となります。この概念は「サービタイゼーション」と呼ばれるものです。サービタイゼーションの概念は決して新しいものではなく、日本においても機械系業種を中心としてサービス業収入は増加しているのですが、製造品出荷額の0.3%にとどまっており、サービス化が進んでいるとは言い難い状況にあります。

サービタイゼーションに成功した先行事例に、航空機エンジンを手がけるイギリスのロールスロイス社があります。それまでの航空機エンジンは激しい価格競争により6～8割引での販売が常態化しており、交換部品の販売で利益を回収するビジネスモデルとなっていました。それを、利用したエンジンの出力と飛行時間に応じて料金を請求するように。つまり、エンジン販売ではなく、「飛行」という機能を提供するサービス業に転換したのです。

また、圧縮空気を生み出すコンプレッサーのメーカーであるドイツのケーザー社は、コンプレッサーそのものを売るのではなく、「圧縮空気」を使った分だけ課金するビジネスを展開しています。

このように、顧客の目線が製品・サービスの「購入価格」ではなく、そこから生まれる「価値」に向けられると、メーカーは顧客からの値下げ圧力に対抗することができるようになります。

たとえば、機械の継続使用を保証するためのメンテナンスサービスを提供価値として付加することによって、このサービスを複数の顧客企業へ提供したり、デジタルを活用したり、といった効率化を実現できます。この効率化は、トータルの原価低減による利益率の向上につながりますし、さまざまな保守情報の蓄積によって、保守の高度化や新たなサービスを展開することも可能になります。

サービタイゼーションが注目されている背景には、モノを購入する側の事情もあります。競争力を強化するためには、本業へ集中できる環境づくりが欠かせません。そのためには、知識や技術を持った保守要員を自社で確保するのではなく、専門家に任せたほうが合理的だという考えが働いているわけです。顧客がそう考えるモノとは、数万円で購入できるものではなく、非常に管理が複雑なもの、定期的にメンテナンスしておかなければならないもの、高い稼働率が求められるものなどです。そのため、おのずと大型工業用設備が多くなります。

サービタイゼーションにより、日本企業を再活性化させる

ここまでお話ししたことは、メーカーは顧客のアウトソーシングパートナーに変わるという風に言い換えてもいいでしょう。

ただし、一般的なアウトソーシングと同一ではありません。サービタイゼーションは、「SLA（Service Level Agreement：サービス品質保証契約）のラインをどこに引くか」が、ビジネスの成否を分けます。顧客が「この稼働率を維持してくれるのであれば、餅は餅屋に任せて本業に集中しよう」と思う料金に設定して利益を得るためには、メーカー自身が高度な業務プロセスやICTシステムを持つ必要があります。

また、「製品のサービス化」という意味では、生活に身近な例として「カーシェアリング」があります。サービタイゼーションと「製品のサービス化」は、同一の取り組みだと捉えられがちですが、本質的に異なります。一般的なカーシェアリングサービスが提供するのは自動車を利用する権利であって、「移動」という成果まではコミットしていません。一方、サービタイゼーションは、SLAベースの成功報酬型で、利用時間に応じて課金するだけでなく、達成できない場合はメーカーがペナルティを負います。

そして、「サービスで利益を上げる」という側面にフォーカスするのも、本質から外れかねないため、注意が必要です。サービスのような無形の価値は、海外企業が比較的容易に模倣することができます。それに対し、

日本が誇る高度な製品づくりのノウハウは、世代を超えて長年にわたり研究を積み重ねた成果が反映されており、易々と模倣できるものではありません。ですから、十分に価値があり売れ筋だったモノを、サービスの要素を加えることで復活させる「リバイタライズ（再活性化）」を目指すべきなのです。

リバイタライズを行うためには、組織の見直しも不可欠です。生産、営業、保守サービスといった役割ごとに組織が縦割りになっていたのでは、これらを横串で貫く収益モデルを実現することが困難です。経営トップの意思決定が十二分に反映された組織改革プロジェクトでもあることを認識しておかねばなりません。これまで開発や営業が花形だった会社も、これからは保守部門が主役になる時代だと思っています。

日本企業には元々、協調してチームで結果を出そうとする文化があります。日本企業がリバイタライズで復権するポテンシャルは十分にあると考えています。

リバイタライズの第一歩は本質を見極めることから

モノ売りから顧客のアウトカムを提供するビジネスモデルへの移行には４つの段階があり、顧客の期待に合わせて価値を拡張し、顧客の求める機能を付加していきます。成熟度レベル１は、従来からのモノ売りです。レベル２はモノ売りに製品の故障・修理などのサポートサービスを付加した段階、レベル３はモノの稼働を提供するなど顧客のニーズに合わせて製品とサービスを提供する段階。最終のレベル４は顧客の業務活動を任せられるなどアウトカムをサービスとして提供する段階です。

顧客からの信頼なくしてサービタイゼーションは成し得ないため、レベル３の取り組みが重要であり、その成果を足がかりとして、レベル４を目指していくことになります。

国内の多くの企業はすでにレベル２までは到達していますが、レベル３へ移行している企業はまだまだ少ないと考えています。先ほどロールスロイス社を例に挙げましたが、これほどサービタイゼーションに適したビジネスを持っている企業というのは、世界を見渡してもごく少数です。

そもそもレベル４に向かない企業や製品もあります。サービタイゼーションを実現するためには、最初にしっかりと事業の本質を捉えて方向性を見定め、順を追って取り組みを進めていく必要があります。NECでは成熟度診断や適合性診断といった初期の意思決定を補助し、まずはリバイタライズの足掛かりを作ることからご支援を開始しています。

終 章

NECが推進するDXの本質とは

吉崎敏文
(NEC 執行役員常務
デジタルビジネス
プラットフォームユニット担当)

デジタルシフトにより大きな変化が起きている

現在、世の中では、あらゆる領域で様々な変化が、加速度的なスピードで、そしてグローバルレベルで起きています。環境や経済など私たちが日々取り組んでいるビジネスでの変化も同様です。たとえば自動車業界であれば、一昔前では考えられなかったような自動運転やライドシェアといった新たなサービスが当たり前の世の中になりつつあります。

なぜ、変化は加速度的なスピードで進んでいるのか。テクノロジーの進歩もその理由のひとつですが、最大の要因はインターネットにより、あらゆるヒト・モノ・キャッシュがデジタルでつながる世界が実現したということです。

これまではある特定の閉じた、限られた領域内だけでのつながりであったのが、インターネットにより一気にオープンとなり、グローバルにつながりました。

あらゆるヒトやモノがデジタルネットワークでつながることで、これまでリアルな社会と独立していたデジタル領域は融合しつつあります。あらゆるつながりやタッチポイントがデジタルに包み込まれている状態と言えるでしょう。

そのため、あらゆるモノやヒトとのつながりにおいて、デジタル化の必要性に迫られています。すなわちデジタルシフトです。デジタルシフトが進む社会におけるビジネスでは、私は大きく次の３つの変化が生じていると考えています。それは「顧客」「市場」「技術」です。

たとえば、自動車業界ではこれまで良質な自動車をスピーディーかつ低コストで生産し、効率的なサプライチェーンで販売することにビジネスのリソースが投入されていました。しかし、今の自動車業界はどうでしょう。

単に自動車を販売するだけでなく、いかに車内で快適に過ごせてもらえるかといった販売した後のソフトウェアサービスに注力することが求められています。実際、「モビリティサービスカンパニー」というキーワードを標榜しているトヨタ自動車は、ウーブンシティという未来都市まで造っています。

金融業界も変化が顕著です。各種フィンテックベンチャーの台頭により、従来の金融会社は従来の手数料ビジネスからサービスの変革を求められています。

技術的な変化に重ね合わせれば、ここでもインターネットやセキュリティが発達したことで、スマートフォンひとつであらゆる銀行サービスを受けることのできる世の中になりつつあります。すなわちデジタルバンクです。

他にも例があります。フィルムメーカーであった富士フイルムの現在の事業柱の一つはヘルスケアですし、タイヤメーカーであるブリヂストンは、走行中の自動車のタイヤにセンサーを張り巡らし、センサーから得た各種データをもとに、メンテナンスなどのサービスを展開しています。ハードウェアメーカーから、ソフトウェアサービスへのシフトです。

デジタルシフトによるビジネスモデル、サービス、顧客体験、テクノロジーなどの変化は、ビジネスに限らず私たちの身のまわりのあらゆるところで進んでいます。そして、その進化を非接触の見直しなど、新型コロナウイルスの環境下が加速させました。その結果、現在の世の中はこれまでにないスピードで、デジタルシフトが加速しているのです。

視点を変えると、デジタルシフトも含めたデジタル、ネットワークに関する課題は、そのまま企業の経営課題に直結します。実際、日系企業500社以上にアンケートを行ったところ、半数以上の企業でデジタルシフトを進める部署が設けられており、先進的な企業ではCDO（Chief Digital Officer）のポストを設けているところも、かなり増えています。

レジリエントな組織になる

デジタルシフトならびに変化が加速する現代において、私たちはどのように対処、対応すればよいのでしょうか。まずは、異なる業界の知見を得ることが重要だと私は考えています。先の自動車、金融業界の事例が参考になります。

内燃エンジンからEV（電気自動車）へのシフトがこのまま進めば、自動車業界とのパイプは、従来の機械的な部品を開発・製造しているサプライヤーではなく、IT企業のような企業にシフトしていくことが考えられます。当然、サプライチェーンも大きく変わるでしょう。自動車業界側からすれば、これまでとは異なるテクノロジーに関する知見が必要になってくるでしょうし、逆にIT企業からすれば、自動車業界についての知見を学ぶ必要があります。

銀行も同様です。ファイナンシャルプランナーやポートフォリオ理論といった金融業界における知見だけではなく、まさに先に紹介したように他の業界の動きをまずは知り、その上で、ITに関する知識などが必要になってくると考えられます。業界を超えて発想するクロスインダストリー（業際）的な視点ならびに思考です。

単一的な業界の知見だけでは、いくら業界の知見が深いものだとしても、デジタルシフトにより変化が激しく進む昨今の世の中の需要についていくことは難しいと私は考えています。

実際、私たちは日々お客様と接している上で、今紹介したような新しい発想や他業界の知見が欲しいとのお声を多く頂戴しています。つまり、これまでの経験や常識を超えることをまず念頭に置かなければ、市場を捉えられない状況変化が、今まさに劇的に起こっているのです。

ただし、このような変化はピンチというよりもチャンスだと捉えるべきです。これまでは資本や技術などを理由に、挑戦したいけれど難しいと捉えていた分野に、ITやネットワークなどのデジタル技術を使えば、参入できる可能性があるからです。デジタルシフトにより、あらゆる業界、あらゆる企業において、どの領域やレイヤーにおいても、チャレンジできる世の中になったと言えるでしょう。

実際、これまでは考えられなかったような“番狂わせ”が起きています。特にテクノロジーを活用したスタートアップ企業の躍進は顕著です。逆に、そのようなスタートアップ企業も含め、業界を超えていくことをチャンスと捉え、コミットしていく姿勢を持たなければ、いくら大企業が展開する大きなサービスであっても、この先シュリンクし、さらには淘汰されていくと考えておくべきです。

中でも意識しておくべきキーワードがあります。それは「レジリエント」です。この言葉はもともと地震などの自然災害が発生した際、企業がそれほどダメージを受けず、事業をスムーズに復帰できる指標として使われていました。すなわち「強靭（きょうじん）」といった意味です。

しかし、現在の「レジリエント」という言葉のニュアンスは、以前と少し異なると私は捉えています。自然災害も然りですが、危機や変化は常に起こるものだからです。変化が起きるのは現代では当然であり、そこからいかに回復するのか。リバウンド、バウンスといったニュアンスがしっくりきます。あるいは危機をかわすような柔軟性を持っている「アジリティ」という表現も近いのではないでしょうか。

今の日本企業の多くは、レジリエントな状態になっているとは言えません。まさしく先の言葉、柔軟性とは対局な組織体制、いわゆる部門ごとにガチガチに固定している、縦割り型の組織であることが多いと感じています。

弊社もかつて典型的な日本企業の縦割り型の組織でした。一方で、そのような縦割り型の組織体制であったからこそ、着実に商品・サービスが売れ、顧客に応え業績が伸びていったことも事実です。

今や時代は変わりました。けれども多くの企業では、一昔前の組織体制がそのまま現在でも存続しています。その結果、前述したような現代の業界を超えるようなサービスについていくことができなかったり、人がスムーズに異動できなかったり、モノが上手くデリバリーできなかったりするような現状が多く見受けられます。

では、このようなこれまでのレガシー的なアセット、ヒト・組織に限らず、技術、インフラ、プラットフォーム（テクノロジー基盤）などはすべて破壊し、新しくつくり変える必要があるのでしょうか。そのようなことは決してありません。

これらのアセットをどのように組み換えれば、今の変化が激しい世の中に対応できるのか。レジリエントな組織に変わることができるのか。

今回の新型コロナウイルスのようなパンデミックは、そのような変化のきっかけを与えてくれました。

GAFAが今の世の中を席巻しています。圧倒的な技術力を持つ“黒船GAFA”に対して、日本企業は勝てないというような論調があるようですが、私の考えは異なっています。確かに、GAFAのソフトウェアエンジニアリングの技術力は高いでしょう。けれども、たとえばインターネットで世界中の人がつながるためには、無線・有線問わず、物理的な通信インフラが必要不可欠です。これまで培ってきた技術と経験に基づくインフラや基盤のアセットを、ソフトウェアやサービスと組み合せて価値を生み出してこそ、本来のデジタルシフトに結び付きます。

これまで日本企業が築き上げてきた技術力などのアセットは決して必要ないわけではないのです。古から連綿と続く基礎開発などの技術開発を大切にしながら、そこから一歩踏み出し、それらのアセットを顧客視点で組み換えることが求められています。本文の言葉を借りれば、「コンポーザブルな状態に再構築し、顧客価値を生み出す」という視点の変換が必要です。

DXではなく、まずは「デジタルシフト」を進める

「吉崎さんはなぜDXではなくデジタルシフトという言葉を使っているのですか？」

このような質問を受けることがあります。実際私は、DXではなく「デジタルシフト」という言葉を意図的に使っています。本来であれば「DX」の実現が目的であることは重々承知しています。しかし、これまでの日本企業の動きを鑑みて率直にお伝えすれば、DXの「X」の部分であるトランスフォーメーション（変革）は、多くの企業にとって中々ハードルが高いと考えています。

変革のために過去のものを捨て、現在のプロセスをゼロから考えようと思うと躊躇するでしょう。実際、DXという言葉ではありませんが、日本企業は今から30年以上も前から変革を標榜し続けてきました。し

かし、特に歴史的な資産のある大企業においては、大きな変革ができていないのが現実かと思います。

「デジタルシフト」に込めた思いは「まずやってみる＝実践」が非常に重要ということです。あまり大上段に構えずに、実際にやってみて、トライアルアンドエラーを実施しながら前に進めていくこと、その経験をもとに次の実践を繰り返すことで成功体験を積み上げる、それが結果的に大きな変革につながっていきます。

実際に各業界でデジタルシフトに成功しているリーダーとお話をすると、失敗を恐れずチャレンジする文化の醸成が組織的にできていることに気がつきます。そして、このようなデジタルシフトを続けていた先に、気づいたらDX（変革）が実現しているのです。

今できるところから進めていき、ループを着実にスピード感を持って回していく。そのようなやり方が日本企業にはフィットすると確信しています。

デジタルシフトはフレームワークで進める

では、どのようにしてデジタルシフトを実現していくのか。「わかりやすい全社共通フレームワークを定め、それに基づいて進めていくこと」が有効です。

これまで日本企業の多くは、目の前の課題を個別最適に解決してしまうことが多かったかと思います。視点を変えると、各人が優秀だからできてしまう。特に大企業の場合は優秀な人財が平均的に多く集まっていますから、それこそあるメンバーが課題解決できそうな海外ツールなどを見つけてきて、自分のやり方で取り組んでしまう。

しかし、その結果、その部門や担当者のビジネスにおける課題は確かに解決するかもしれませんが、他の部門では変わらず同様の課題を持っているケースが多々見受けられます。

だからこそ、全社共通のフレームワークを用いて、デジタルシフトを進めるのです。たとえばNECでは、以下のようなフレームワークを活用して全社のデジタルシフトを進めています。

（1）ビジネスプロセス

ビジネスプロセスの観点では、デジタルシフトを進める目的を明確にします。DXを進める上でもよく議論される「何のために、何をするべきか」ということです。DX推進がうまくいっていない企業の多くで見られるのが、「DX関連の技術やツールを、世の中で何となく流行っている手法だから、とりあえず取り入れてみた」というケースです。デジタルシフトの成功には一番初めの段階で「なぜDXを進めるのか」、まずはその根幹を明確にすることが重要です。

目的を明確化した上で、ロードマップを引き、手段を考えます。NECではデジタルシフトに取り組む際のお客様の経営課題や、必要となる顧客提供価値をもとにして、NEC全社の価値と知見を集結させた「DXオファリング」を体系化しています。

DXオファリングには私たち自身がこれまでに実際に進めてきたDXの取り組みから得た知見やノウハウとともに、研究所のコア技術や、NECがこれまで培ってきた各業種に関するノウハウも集約しています。

様々なお客様の経営課題や業務課題に応じてDXオファリングを組み合わせることにより、DX戦略策定などのコンサルティングはもちろん、実際のDXシステムの構築、さらには保守･運用まで、スピーディーにワンストップで提供していきます。実際デジタルシフトにおいてはスピードも非常に重要な要素です。フレームワークを活用して全社標準化することで、より早くデジタルシフトの目的にたどり着くことができるのです。

（2）テクノロジー

テクノロジーの観点では、デジタルシフトに必要な技術をグローバル共通なプラットフォームに統一しています（NEC Digital Platform）。たとえば、生体認証系では多くの技術や30ものシステム、サービス製品が乱立していましたが、これを共通化し1年ほどかけてグローバル統一プラットフォーム上に集約しました。インフラ全体を見渡して、アーキテクチャーを一本化しながら、自社だけでなくパートナー企業の優れた技術も取り入れながらグローバル共通プラットフォームを整備しています。

また、社内システムにおいては全社700ものシステムを次世代デジタル基盤にモダナイゼーションしていこうという取り組みも実施しています。自動化や新しい開発手法を取り入れてシステムを集約し、最終的に総システム数の30%削減、TCOの13%削減を目指しています。

システムにおいて、これまで日本企業は目の前の顧客からのニーズをそのまま個別最適化してしまう傾向が強かったと感じています。そうではなく標準化された「組み換え可能な＝コンポーザブルな」システムにしておくことで、柔軟に顧客ニーズに応えながら、素早く実践に移すことができるのです。

（3）組織・人材

最後に、組織・人財の観点です。デジタルシフトを支える要素として非常に重要です。デジタルの課題がイコール経営課題となる中で、組織的にデジタルシフトに取り組むことは不可欠です。また、人財の教育と社員のマインドチェンジも欠かせません。

NECでは、まず私のところで全社横断的にデジタルビジネスに関する組織的な変革を行うとともに、デジタル人財育成プログラムを整備しています。リーダーシップを持ってデジタルシフトを行うためのスキル養成プログラムです。これらのプログラムについても自社の知見をもとに、すでに「NECアカデミー for DX」としてお客様に提供しています。

また社内変革に関して補足すると、本社主導で人事変革、コミュニケーション変革、働き方改革などを全社一丸となって推進しています。この数年で社内も大きく変わってきたことを肌で感じています。

このように全社横断的に、共通のフレームワークでデジタルシフトを進めていくことが、目的実現までの近道であると考えています。

実体験に基づいたコンサルティングサービスが提供できる

先に「デジタルシフトには目的の明確化が必要だ」と述べましたが、私が入社した2019年に本格的にDX戦略コンサルティングの組織を立ち上げました。

デジタルシフトを考える際にはお客様の構想段階から、お客様に寄り添いながらデジタルシフトのロードマップを描いていくことが重要です。我々はお客様のデジタルシフトの目的を「イノベーションの創出」「お客様接点改革」「業務変革」の3つに整理しています。それぞれの目的に沿って実現のためのコンサルティングチームを立ち上げています。

私はコンサルタントのことを「オーガナイザー」と呼んでいます。コンサルタントとは相談役という意味ですが、オーガナイザーというのは、一歩進んで、お客様のやりたいことを汲み、あらゆるケーパビリティをオーガナイズする役割です。したがって、我々のメンバーも判断の中立性を大切にしています。市場、業界の状況や技術の動向をはじめ客観性を保ちながら、オーガナイズしていくということは重要だと考えています。

また、オーガナイズしていく上でなくてはならないのは、ITの実装能力です。実装の経験がないと最終的な実現までたどり着くことができません。我々は歴史的にITとネットワークの実装をお客様へのデリバリーを通して培ってきました。また、典型的な日本企業である自社のデジタルシフトを実践してきた経験値もあります。それらをもとにした構想策定のフレームワークを活用して、すでに様々なお客様とプロジェクトを進めています。

また、NECではデジタルの専門家育成に力をいれています。コンサルテーションやビジネスデザイン、サービスデザインなど、全体戦略を考えるビジネス領域の専門家の育成と同時に、AIデータサイエンティスト、クラウド・セキュリティ・ネットワークに関する人財、アジャイルエンジニアなどのテクノロジー領域においても、デジタル時代に必要な要素を常にアップデートして人財育成を行っています（2021年現在5,000名以上のデジタル人財が在籍）。

このようにデジタルの構想を机上の空論にすることなく、ビジネスとテクノロジーの両輪を見据えて知見をスピーディーにフィードバックしながら、上流からEnd to Endの導入まで一貫して提供できることがNECの強みです。

戦略コンサルタントの各メンバーの顔触れにおいても、ビジネスとテクノロジーの両方に精通していることを重要視しています。コンサルタントのノウハウを持ち合わせていることはもちろん、テクノロジーに関しても上辺だけテクノロジーを知っているのではなく、ビジネスとして、メジャーな専門分野を持ち、取り組んでいることが重要です。

たとえば、本書のメイン著者である桃谷も、外資系コンサルティングファームでパートナーまで上りつめた実績を持つ一方で、理学博士でもあります。また各種業界への知見をもとに、多くのプロジェクトで実際に実装までを経験しています。

今まさに、桃谷のような両スキルを持ち合わせる人財を積極的に迎え入れ、多種多様な業界のお客様に提供できる体制を整えつつあります。また、外部からの人財だけでなく、NECのITやネットワークのエンジニアがコンサルのメソドロジーやフレームワークを学び、リスキルして構想策定メンバーに加わる価値も感じています。これらの社内人財シフトも進めながら、NEC本体で戦略コンサルティングから実装までを一貫して行うことで、スピーディーにお客様にノウハウをご提供することができると考えています。たとえば、先週NECで実施したDXを、翌週にはそのままお客様に提供するようなイメージです。これこそ、私たちが提供するコンサルティングの大きな強みだと捉えています。

繰り返しになりますが、ご提供したいのはきれいに彩られたロジックが描かれた資料だけではなく、実際に現場で起きた事象から得た知見やノウハウです。ですから失敗も事例としてお客様に役立つと判断すれば、そのノウハウを提供していくつもりです。実際、ビジネスの現場においては成功よりも失敗から得ることのほうが大きいことも往々にしてあります。

そうして失敗も含めたタイムリーなノウハウを届けることで、私たちもお客様とともに成長していく。その結果、お客様のお客様にまで価値を届けたり、課題を解決したりすることで、さらにプラスの輪が広がっていく。そのような伝播が結果として、日本経済の復活、発展につながると考えています。

そもそも私がNECへの入社を決めたのも、「日本企業ならびに日本市場を再生する」との命題に心が動いたからに他なりません。そして先述した戦略コンサルティングメンバーだけでなく、様々な部門でまさにイノベーションを起こすべく、多様な人材を続々と迎えて入れている状況です。

私の入社当初と比較しても、会社のカルチャーは大きく変わってきています。その変化がさらに呼び水となり、全社横断的なさらに大きな変化へとつながっていると日々感じています。

私は2025年がひとつのベンチマークだと見ています。お客様に伴走しながら課題解決までをオーガナイズできる人材が、グローバルレベルで、NECのあらゆる部門や領域で活躍し、それぞれの専門領域のDXオファリングならびに、技術やシステム、プラットフォームを提供している状態を目指していきます。

困難を乗り越えて変化に挑戦し続けること、実践し続けること。これを我々も同じように挑戦しながら、お客様のデジタルシフトを今後も支援していきます。そしてお客様と我々のデジタルシフトへの取り組みが、結果的に大きな変革となり社会全体のデジタルシフトを推し進めることにつながると考えています。

おわりに

成長を阻んできた、失敗したくない、させたくない文化

本書を執筆中の2021年8月、GAFAの時価総額が日本企業全体の時価総額の合計を超えました。

一人あたりGDPの伸びでも1990年以降日本は地盤沈下し、G7で最下位です。年収の伸びも同様に滞っています。過去50年間の全要素生産性（TFP）の数値は、主要先進国の中でも伸び悩んでいます。

これは、本書の中で述べたソフトウェアなどの無形資産の活用、失敗を許容すること、人財投資で人の能力を活用すること、その際に価値基準を徹底して人のクリエイティビティを発揮させること、社会価値を考えて長期視点でイノベーションに取り組むことといった、多くのグローバル企業がすでに取り組んでいることに、日本が後れをとった結果だと思います。

失敗を許容しないのは、マネジメントやメンバーではなく、組織に根差した文化です。実際の現場で起こるのは、トップに忖度して事業計画の化粧直しをしてしまったり、部下に失敗させないために上司が口出ししたりするなど、一概に悪いとは言えない多くの行動の束です。その根底にあるのは、「自分自身の失敗を許容できない」「失敗から学ぶのではなく良い点を取りたい」という文化ではないでしょうか。我々自身が、一つひとつの行動を意思決定の際に考え直していくべきことだと思います。

その一方で、「失われた30年」と言われた間に、第3章で述べたキーエンスの給与は伸びています。また、キーエンスが買収したジャストシステムの給与も伸び、事業としての成長軌道に乗りました。

この他にも、付加価値を考えて、グローバルを目指し、成長している企業は多数あります。ファーストリテイリングは世界一を目指し、もう

すぐです。リクルートは、SaaS ビジネスの B2B 顧客の体験ジャーニーを広げ、グローバルに成長を続けています。第 3 章で取り上げたカインズの他にワークマンを傘下に持つベイシアグループは、「For the Customers 」を企業理念に掲げています。カインズでは、「世界を日常から変える」とビジョンに掲げています。

自ら成長する企業になるためには、自らを変えない理由を消していく必要があります。アジャイルやリーンの根源である、試すことや失敗から学ぶこともまた我々の文化です。

グローバル化による果実を掴め

「人口減だから GDP が伸びない」という議論があります。その一方、経済産業省の資料では、人口減は必ずしも GDP 減にならないことが示されています。

日本の貿易比率、すなわち GDP に対する貿易輸出と輸入合計の割合は 24%と、2020 年度ではグローバルで 184 位です。香港が 302%でトップ、ベトナムは 202%で 3 位、台湾は 91%で 34 位、韓国は 58%で 76 位、中国は、30%で 174 位、ドイツは 66%で 59 位、オランダは 108%で 15 位、アメリカは 18%で 200 位です。新型コロナウイルスの影響はありますが、ここ 10 年の各国の傾向は同様です。日本はグローバル経済の恩恵を必ずしも享受できていません。同様に人口増で期待されるインドネシアは 28%で 177 位、インドは 24%で 185 位です。

これから自国のグローバル化、および他国のグローバル化との連動で大きな機会はあるはずです。

変化への対応に遅すぎるということはない

持続的な可能性についても、問題点とその根本原因の解決、さらに将来を考えての取り組むべき課題の解決が進んでいないのであれば、そこに機会はあるはずです。

本書で述べたように、コンポーザブルに自社の能力の再構成、組み換えをし続けることは、一層自在になっています。連携でもM&Aでも成果を出すスピードは加速しつつありますが、同時に遅すぎるということもありません。

付加価値をどのようにして上げるか、長期視点でどの立ち位置に立てるか。

各個人がオーナーシップを持っていくという変革こそ、デジタルが加速させていくのだと思います。その構えとしてのデジタルシフトから始めることも含めて、これからの機会に、将来へのステージアップに、本書がみなさまのヒントになれば幸いです。

自社変革を踏まえてのご支援

NECでも、本書の第4章で述べたような日本的な文化の難しさに直面することが多々あります。今、その体験を踏まえて、お客様のビジネス変革に貢献していける点があると実感しています。自社自身が変革の中にいることで、変わるために本当に引っかかること、進まないことを乗り越えるきっかけに日々気づかされていることがあるからです。

当DX戦略コンサルティング事業部は、1年で10人から200人までコンサルティングチームの拡大を図り、さらに成長していく過程にあります。幸いなことに、それに余りある機会に恵まれてもいます。引き続き、お客様の成功の継続支援に全力で取り組んでいく所存です。また、社会やお客様企業のビジネスモデルのコンポーザブルな成長に継続的に貢献し、同時にテクノロジー、そして多くの他社を含むグローバルなエコシステムの発展に貢献していけることに確信を持っています。

謝辞

本書の執筆にあたっては、本当に多くの方々のお世話になりました。ありがとうございました。また、本書に至る洞察のヒントを下さった、これまでご支援させていただいた各企業のリーダーのみなさまに感謝いたします。

ともに編集検討を行ったプレジデント社の渡邉崇さん、田所陽一さん、ライターの杉山忠義さん、加藤学宏さんには、かなり柔軟な進め方にご尽力いただきました。また、NEC の篠崎裕介さん、押山知子さんとの協働あってこそ、この形にまとめることができました。ありがとうございました。

本書で取り上げたコンポーザブル経営の支援について、NECのコンサルティングメンバー、テクノロジーメンバーのアドバイス、実践を通した気づきからは大変示唆をいただきました。お客様のプラットフォームのこれからに貢献を続けている川又健さん、安田勇大さん、堀岡貴光さん、松浦亨さん、特にイノベーション創出、インパクト・オン・パーパスでお客様と新価値を創り続けている椿木琢己さん、バリューチェーンのステージアップを進める川上隆之さん、デザイン思考から将来の共創を進める熊谷健彦さん、安浩子さん、企業文化からの変革を進める戸田雅仁さん、笠井洋さんからは、それぞれの実践を踏まえたアドバイスをいただきました。リサーチを幅広く進めてくれた黒田和靖さん、味薗真司さん、関谷正己さん、田高祥太朗さん、古川久葵さん、山本哲司さん、渡辺 瑞希さんとは多くの議論を積み重ねました。データ活用について広く深くアドバイスと示唆をいただいた秋元一郎さん、テクノロジーの可能性・エッジを教示してくださった今岡仁さん、宮澤忠さん、千嶋博さん、横田治樹さん、山田一宏さん、江藤力さん、小山田昌史さん、新井智也さん、下西英之さんからは、これからの変化と可能性の大きさを教えていただきました。

日本企業の変革について、森田隆之社長、石黒憲彦副社長、堺和宏副社長、佐藤千佳さんからは、経験と挑戦を踏まえて示唆をいただき続けています。そしてNECで社会・お客様のデジタル変革・デジタルシフトの支援をリードする吉崎敏文常務には本書執筆を薦めていただきました。大変感謝いたします。

また、世の中の変化についての多様な視点をご教示いただいた、Harvard University 教授 の Felix Oberholzer-Gee 氏、滋賀大学経済学部教授の森宏一朗氏、それぞれの専門分野で示唆をいただいた、伊藤達夫氏、岡智之氏、高橋亮氏、藤井幸一郎氏、釜本隆之氏、三好健宏氏、鳥賀陽弘道氏、北村昌陽氏、池田和明氏、企業をリードされている視点で長期にわたり洞察あるコミュニケーションをさせていただいた鈴木岳人氏、今泉嘉久氏、堂埜茂氏、二瓶拓穂氏に感謝いたします。

最後に、家族には日ごろから仕事や暮らしと時の積み重ねのつながりを超えて、多様なフィードバックをもらい、大いに助かっています。

すべてのみなさまに、心から尊敬と感謝を致します。ありがとうございました。

桃谷英樹

参考文献

第1章

・張富士夫「危機こそ『改善』のチャンスだ」『文藝春秋』2009年3月号
・「星野リゾート代表が『米国に日本旅館の需要はない!だから進出する』と語る理由」ダイヤモンドオンライン連載 星野リゾート代表・星野佳路さんと考える「これからの観光」
・SHEIN: ANOTHER AMAZON OR TERMINATOR OF ZARA?　Mark J. Greeven, Patrick Reinmoeller and Yunfei Feng　IMD　case study Aug 2021
・森岡毅・今西聖貴『確率思考の戦略論』KADOKAWA
・カール・シュピロ、ハル・R・バリアン『「ネットワーク経済」の法則』IDGコミュニケーションズ
・ジョナサン・ハスケル、スティアン・ウエストレイク『無形資産が経済を支配する』東洋経済新報社
・クラウス・シュワブ、ティエリ・マルレ『グレート・リセット』日経ナショナルジオグラフィック社
・名和高司『日本人が誤解するSDG sの本質』NewsPicks Select
・夫馬賢治『ESG思考』講談社
・ダニエル・ピンク『モチベーション3.0』講談社
・オードリー・タン『オードリー・タン　デジタルとAIの未来を語る』プレジデント社
・ダグ・スティーブンス『小売りの未来』プレジデント社
・アンドリュー・S・ウィンストン『ビッグ・ピボット』英知出版
・クラウス・シュワブ、ティエリ・マルレ『グレート・リセット』日経ナショナル ジオグラフィック社
・ファイザー　HP
・ネスレ　HP
・アマゾン　HP

第2章

・Stevey's Google Platforms Rant　https://gist.github.com/chitchcock/1281611
・Felix Oberhoizer-Gee, Harvard Business School, Better Simpler Strategy 2021
・CES（Consumer Electronics Show）2017,2018,2021 Presentation, Exhibition and interview
・Sunil Gupta Driving Digital Strategy Harvard Business Review Press
・坂根正弘『ダントツ経営』日本経済新聞出版
・BJパインII、JHギルモア『経験経済』流通科学大学出版
・IFPI Digital Music Report　2009,2011
・榎本幹朗 Yahoo news 2017「なぜiTunesは救世主とならなかったか　〜スティーブ・ジョブズが世界の音楽産業にもたらしたもの」
・スベン・カールソン、ヨーナス・レイヨンフーフブッド『Spotify　新しいコンテンツ王国の誕生』ダイヤモンド社
・成毛眞『amazon 世界最先端の戦略がわかる』ダイヤモンド社

・マイケル・A・クスマノ、アナベル・カワー、デヴィッド・B・ヨッフィー『プラットフォームビジネス』有斐閣

第3章

・Peter F. Drucker『Managing In The Next Society』
・高岡浩三「経営者の仕事はパーパスを提唱し、実現すること」ダイヤモンドハーバードビジネスレビュー　2019年3月号
・延岡健太郎・岩崎孝明「一橋ビジネスレビュー」2009 SPR.
・大﨑道雄『経営者・起業家のためのキーエンス流経営術』
・ハワード・シュルツほか『スターバックス再生物語』徳間書店
・「日経 Automotive」2020年2月号
・「日経コンピュータ」2020.6.25、
・「日経 XTECH」
・「ダイヤモンドハーバードビジネス」2020 11月号
・一般社団法人日本経済団体連合会『サイバーリスクハンドブック』（取締役向けハンドブック日本版）

第4章

・「アップルの30年ロードマップ」中島聡氏のブログ Life is Beautiful　https://satoshi.blogs.com/life/2009/12/apple-roadmap.html
・ティム・ブラウン『デザイン思考が世界を変える』早川書房
・クレイトン・クリステンセン『ジョブ理論』ハーパー・コリンズ・ジャパン
・エリック・リース『リーンスタートアップ』日経BP社
・アッシュ・マウリャ『Running Lean 実践リーンスタートアップ』オライリー・ジャパン
・ジャスパー・ウ『実践スタンフォード式デザイン思考』インプレス
・小山龍介『名古屋商科大学ビジネススクール ケースメソッド MBA 実況中継 03 ビジネスモデル』ディスカヴァー・トゥエンティワン
・Hirotaka Takeuchi Ikujiro Nonaka　The New New Product Development Game Harvard Business Review Jan 1986
・2020-Scrum-Guide-Japanese.pdf（scrumguides.org）
・Roland Deiser “Part 5: Agility in practice: The swarm organization at Daimler (Jul 2019)” THE DIGITAL TRANSFORMATION PEOPLE
・入山章栄『世界標準の経営理論』ダイヤモンド社
その他、各社ホームページ

桃谷英樹
（ももたに・えいき）
日本電気株式会社　DX 戦略コンサルティング事業部 事業部長
マネージング・エグゼクティブ

大阪生まれ。京都大学大学院理学研究科博士課程修了。
理学博士、CAL Ⅰ（認定アジャイルリーダー）。
国立共同研究機構の講師、外資事業会社でマーケティング・新規事業立ち上げに従事、独立系・外資コンサルティングでマネージング・ディレクター／パートナーを経て現職。
コンサルティングの責任者として、450 以上のプロジェクトに携わる（デジタル、事業戦略・企業戦略、新規事業、マーケティング戦略、業務改革）。DX ／デジタルを梃子にした変革については、アジャイルに、コンサルティング、デザイン思考、アナリティクス、データマネジメント、テクノロジーアーキテクチャー、組織・人財変革を組み合わせて、多くの企業の変革をリードしている。

NECが描く
デジタルトランスフォーメーション（DX）に
ついてはこちらをご覧ください。

コンポーザブル経営

2021年12月21日　第1刷発行

著　者　桃谷英樹
発行者　長坂嘉昭
発行所　株式会社プレジデント社
〒102-8641　東京都千代田区平河町2-16-1
平河町森タワー13F
https://www.president.co.jp　https://presidentstore.jp/
電話　編集（03）3237-3732
販売（03）3237-3731

編　集　渡邉 崇　田所陽一
編集協力　杉山忠義　加藤学宏
写真撮影　宇佐美雅浩
販　売　桂木栄一　高橋 徹　川井田美景　森田 巌　末吉秀樹
ブックデザイン& DTP　中西啓一（panix）
図版制作　橋立 満（翔デザインルーム）
制　作　坂本優美子

印刷・製本　凸版印刷株式会社

　ISBN978-4-8334-2439-4

Printed in Japan